Prosa de la España Moderna

Prosa de la España Moderna

MARVIN WASSERMAN

Chairman of the Department of Foreign Languages
Susan E. Wagner High School, Staten Island, New York

Instructor of Spanish and Teacher Education
Wagner College, Staten Island, New York

CAROL WASSERMAN

Instructor of Spanish
Hunter College of the City University of New York

When ordering this book, please specify:
either **R 135 P** *or* PROSA DE LA ESPAÑA MODERNA

Amsco School Publications, Inc.
315 Hudson Street New York, N.Y. 10013

ISBN 0-87720-517-5

Printed in the United States of America

PREFACE

These essays and short stories, written by popular Spanish authors in recent years, were selected for their suitability as models of modern Spanish prose and for their enduring relevance to the world of the young adult in our times.

Six prominent 20th-century authors are represented.

The works comprising this anthology are unabridged. Definitions of "difficult" words and locutions are given in footnotes; these are generally in Spanish.

Each unit of the book begins with an introduction to the author and a brief description of the selection to be read. The work itself is followed by a section on word study and a set of exercises. The word-study section presents the active vocabulary through synonyms, definitions, use in context, related words, and idiom study. In some cases, stylistic or grammatical usages peculiar to the author are included.

The exercises are of many types, including true-false questions, multiple-choice questions, content questions, literary themes, summaries, and drills that test active vocabulary.

Although we tried to arrange the selections in order of difficulty, they need not be read in order of appearance. With this in mind, we repeated the presentation of some words in the word-study sections of several stories.

We begin with five selections from Carmen Laforet's interesting account of her travels through the United States, as a guest of the State Department. These essays are followed by five short stories, beginning with two tales by Ana María Matute that deal with the frustrating but joyous world of children. Ignacio Aldecoa confronts us with the daily problems of a poor Spanish family whose misfortunes could be those of any American family today, given the same circumstances. Camilo José Cela introduces us to a typical lower-middle-class couple of Madrid and their struggle to make ends meet on the husband's meager salary as a government worker. José María Sánchez-Silva combines reality with a touch of fantasy in a suspenseful, mysterious story with a most unexpected ending. Finally, through Natalia Figueroa we learn about four Spanish types that form an integral part of Spanish society. Three of these types are quite foreign to the experience and culture of the American reader.

The authors wish to thank the students of the Spanish classes at Wagner College and Susan E. Wagner High School, who served us so graciously as guinea pigs, critics, and morale builders during our labors. We are especially indebted to Eli Blume for his invaluable advice and criticism.

CONTENTS

Carmen Laforet

Carmen Laforet nació en Barcelona el seis de septiembre de 1921. Pasó los años de la Guerra Civil española en las islas Canarias, y no regresó a Barcelona hasta 1939. Allí vio los efectos trágicos de la guerra en su país, y con su capacidad de penetrar en todo lo que la rodea—en las personas, las cosas y los ambientes—ella, a los veinte y tres años, publicó una de las primeras novelas grandes de posguerra: *Nada*. Con esta novela Carmen Laforet ganó el premio Nadal de literatura en 1944 y estableció su fama de autora. Desde entonces ella se ha dedicado a su marido, a sus hijos, y a la literatura. Ha escrito novelas, cuentos y artículos, y su fama se ha establecido dentro de y fuera de España. Y es a causa de esta fama de autora importante que Carmen Laforet tuvo la oportunidad de ser invitada por el departamento del Estado en el otoño de 1965 a visitar los Estados Unidos.

Al aceptar la invitación, aunque no hablaba ni una palabra de inglés, Carmen Laforet decidió que iba a escribir un libro de su viaje y de sus impresiones de los Estados Unidos. Tomaba notas en trenes y hoteles de sus impresiones de personas y de ambientes nuevos para ella, y las dejó en forma de un relato de personas y de ambientes sin añadir nada de juicios críticos. Ella lo miraba todo como cualquier turista, y trataba de captar en su libro lo que veía como turista.

El título del libro de este viaje es *Paralelo 35*. Se llama así porque el paralelo treinta y cinco resume la media de los paralelos cruzados por ella en su viaje. Es de este libro que presentamos cinco de las «visiones» de Carmen Laforet en los Estados Unidos.

Carmen Laforet fue llevada a varios sitios de interés turístico e intelectual. Dos de estos sitios representaban el orgullo de los Estados Unidos en cuanto a su programa del estudio del espacio, o sea, su visita a la N.A.S.A. en Houston, Texas, y su visita al Cabo Kennedy, donde ella se encontró entre todos los demás turistas, por la imposibilidad de las autoridades de tratarla de modo especial el día de su visita. En una visita con base científica a la IBM, la mujer de literatura se vio abrumada por todo lo científico que no entendía. Para complementar y contrastar con el mundo de la realidad y del progreso, vemos su visita al mundo de la pura fantasía, o sea, a Disneylandia, el mundo creado por Walt Disney en California. Por fin, la acompañaremos a Greenwich Village, un sitio de interés turístico en Nueva York, que está lleno de personas, de calles y de sucesos como ella nunca vería en España. La lectura de estas cinco viñetas es fácil debido al estilo claro y directo de la autora que nos describe sencillamente cada uno de estos sitios y sus reacciones a cada uno de ellos también.

La visita a la I.B.M. y otros centros

Lo que más me atraía de San Francisco era vagabundear por sus calles, pero tenía un programa que cumplir y en este progama se incluía la visita a la fábrica de computadores I.B.M.

Pese a la amabilidad y la paciencia del encargado de relaciones públicas, que procuró explicarme con detalle el funcionamiento de los cerebros electrónicos y me hizo recorrer durante toda una mañana una de las plantas de la inmensa fábrica, no entendí nada de ello.

En la fábrica hay pabellones de estudio para los trescientos científicos que maduran sus ideas, pabellones de realización y clases para los empleados de la fábrica. También se dan cursillos a los ingenieros clientes que lo deseen, sobre el manejo de los aparatos. A un cerebro electrónico hoy día se le pueden preguntar doscientos millones de cuestiones, que contesta en 0,75 millonésimas partes[1] de segundo.

Me enseñaron las delicadas células fotostáticas que sustituyen a los discos en los nuevos computadores, la red[2] de hilos eléctricos, que son las venas amarillas de los grandes cerebros. Y hasta vi a los «cerebros de la casa» trabajando en sus labores de archivo y de cálculo. Y seguí sin comprender.

Otra parte del programa consistía en una visita a la Universidad. Me interesaba mucho el departamento de español, pero para el departamento de español sólo disponía de media hora y su

[1] **0,75 millonésimas partes**—0.000075 [2] **red**—serie o sistema

director, el doctor Torres Rioseco, de nacionalidad chilena, nos invitó a comer a Eliana[3] y a mí.

Durante la comida me facilitó noticias de las personalidades españolas que estaban entre el profesorado en aquel momento y que me hubiera gustado mucho saludar, entre ellos a Montesinos y a Diego Catalán por ejemplo.

—Le ocurre a usted, con eso de no tener tiempo para el departamento de español y estar obligada a ver el de física, de lo que no entiende, como a un general compatriota mío, también invitado por el departamento de Estado, que me contaba su desconcierto[4] porque en todas las ciudades tenía programada una visita a los jardines de infancia más modernos. «Y yo creo que a los chiquillos les asustan mis bigotes», decía.

La visita al conjunto de la Universidad de Berkeley la efectué en automóvil con un acompañante y terminó subiendo a la torre del campanil.

La visita detenida al departamento de física, célebre en el mundo entero y donde trabajan varios premios Nobel, la rechacé recordando el tiempo que había hecho perder en la fábrica de cerebros electrónicos. Como excusa pretexté un fuerte dolor de cabeza, con gran desconcierto, según supe luego, de los organizadores del programa.

El tercer punto programado en San Francisco fue informarme sobre una de las muchas ligas femeninas del país.

Acudí a las oficinas de la Liga de Mujeres Votantes, que tienen su sede[5] en Washington pero que está extendida por todo el país. La liga se formó en 1920, cuando se concedió el voto a la mujer. Las asociadas se reúnen en sus pueblos, en sus ciudades, en los distintos barrios de las grandes capitales, estudian los problemas tanto municipales como sociales que pueden presentarse en el futuro, y cuando la comisión superior de la liga aprueba las sugerencias o propuestas, se presentan en el Congreso. La Liga

[3] **Eliana**—Eliana Romecin, intérprete asignada por el Departamento de Estado [4] **desconcierto**—disturbio y confusión

[5] **sede**—centro de operaciones, oficina central

de Mujeres Votantes tiene mucha fuerza política. Estudia uno a uno a los candidatos por los que conviene votar y mantiene perfectamente informadas sobre ellos a sus miembros. A través de esta liga las mujeres americanas ejercen una influencia enorme.

Precisamente después de esta última visita encontramos en el hotel a una señora boliviana, invitada también por el Departamento de Estado, que había fundado en su país algo parecido a esta asociación. Era una señora muy agradable, amiga de la madre de mi intérprete, y como al día siguiente tanto ella como yo teníamos vacaciones, decidimos hacer juntas una excursión a la bahía de Monterrey.

Disneylandia: fantasía acogedora

La ciudad de Los Ángeles merece una descripción aparte. Hoy creo que también merece la pena contar algo sobre dos mundos de fantasía a los que allí me asomé.[6] Uno de ellos, el mundo entero sabe que está localizado[7] en Los Ángeles. Es una ciudad creada por Walt Disney recogiendo el espíritu y los personajes de todos nuestros cuentos infantiles y los que él mismo inventó y dio también vida en sus películas.

Disneylandia merece verse.

No es fácil llegar a Disneylandia. Un experto como nuestro cónsul español, Eduardo Toda, que según me dijo ha acompañado a visitantes más de treinta veces, tardó media hora en desembocar en[8] la autopista donde la velocidad de los coches es vertiginosa y

[6] **me asomé**—penetré, entré [7] **localizado**—situado
[8] **desembocar en**—encontrar y entrar en

otra media hora hasta poder desviarnos de nuevo hacia el campo de estacionamiento que rodea la ciudad de la fantasía.

—La gente que viene a Los Ángeles para ver Disneylandia —y son muchos de todas partes de Estados Unidos—, utilizan el avión. 5 Desde el aeropuerto de Los Ángeles hay autogiros[9] que dejan a los viajeros en el hotel de Disneylandia, donde suelen pasar tres o cuatro días para poder ver todo el recinto.[10] Son unos días de olvido y de diversión inocente que los adultos aprecian aún más que los niños. Las estadísticas acusan que por cada niño que visita 10 Disneylandia, hay cuatro personas mayores.

Walt Disney ha ido agrandando Disneylandia en los diez años que la ciudad tiene ya de vida y dice que, mientras no le falte la imaginación, seguirá creciendo. (El día de mi visita Walt Disney aún vivía.)

15 Entonces, aparte de la copia de la pequeña ciudad americana de finales del siglo XIX, existían «El país de la fantasía», donde uno puede meterse en los cuentos más célebres. (Tuve la sensación de volar como Peter Pan sobre una ciudad dormida y visité además el castillo de la Bella Durmiente.)

20 «El país de la aventura» es también el de los viajes por lugares exóticos. El viaje puede hacerse en «submarinos», en barcos imitación de los primeros que navegaron por el Mississippi, o en carabelas,[11] y desde luego en trenecitos que recorren Disneylandia.

Uno asiste a las aventuras de los cow-boys y los buscadores de 25 oro en «El país de la frontera». Las luchas y tiroteos[12] se desenvuelven desde los tejados sin que falten los populares *saloons*. Todos los personajes célebres de las aventuras fronterizas son reconocibles por sus trajes y maquillaje, y las pantomimas se representan como en un teatro al aire libre entre las calles de «El 30 país de la frontera».

No es raro que en Disneylandia se necesiten mil quinientos empleados fijos, la mayoría jóvenes, vestidos, maquillados, o bien

[9] **autogiros**—helicópteros [10] **recinto**—área o zona
[11] **carabelas**—barcos pequeños [12] **tiroteos**—*shootings*

disfrazados, bajo las caretas[13] que representan los animales conocidísimos creados por la imaginación de Disney y que pululan[14] por cada uno de los apartados de la ciudad y al mismo tiempo que la llenan de vida, ayudan al público y le informan. Sin que se advierta, la disciplina y el orden de esta ciudad abigarrada[15] son perfectos.

La última ciudad terminada es «la ciudad del futuro», de los cohetes interplanetarios, de los personajes de ciencia-ficción.

Este país del futuro me interesó menos, quizá porque lo vi en la realidad a través de mis viajes por Estados Unidos, o quizá porque, como no daba tiempo en toda una mañana para nuestro recorrido, fue en el que menos me fijé.

La pequeña ciudad americana de fines del siglo pasado es como el corazón de Disneylandia, a donde se recala[16] después del recorrido completo. Las casas son algo más pequeñas que las reales para dar mejor la sensación de cuento. En el centro, City Hall —la alcaldía— atiende todas las reclamaciones y da los informes que se solicitan. Hay un aviso en la puerta que dice: «Los padres perdidos pueden recoger aquí a sus niños».

Miles de visitantes pueblan las calles de Disneylandia cada día. El ratón Mickey, la Bella Durmiente, los Siete Enanos y Blancanieves les dan la bienvenida. Aunque esto pueda parecer demasiado falso, demasiado ingenuo, está tan bien hecho, tan bien combinado, que resulta un verdadero descanso en una ciudad única.

En las casitas, tiendas de todos los estilos ofrecen toda clase de recuerdos y de mercancías. Las farmacias —aunque también sean más pequeñas que las corrientes y sus frascos[17] antiguos con nombres pintorescos de remedios indiquen una época pasada— venden los más recientes productos farmacéuticos, y lo mismo sucede en las tiendas de tejidos, etc. Los *saloons* están vivos, sirven comidas y bebidas, y hay restaurantes de todas las épocas y también de todos los precios en Disneylandia.

[13] **caretas**—máscaras [14] **pululan**—abundan
[15] **abigarrada**—de muchas variedades [16] **se recala**—se llega
[17] **frascos**—botellas

Este mundo fantástico es claro, es comprensible, es realísimo y no produce mareo[18] alguno ni siquiera a los que carecen de imaginación. Al mismo tiempo tampoco defrauda a quienes la tienen.

5 En el mundo fantástico en el que vivimos hoy día, en realidad un mundo más poblado de terrores e incomprensiones que el de las brujas y los duendes[19] y los fantasmas de otros siglos, este mundo quimérico[20] es como un respiro, como algo hogareño[21] donde se descansa.

La N.A.S.A., el «hombre de Dios» y encuentros japoneses

10 Siempre había pensado en Tejas como en el país de los grandes ranchos. Al llegar a Houston creí que vería alguno en seguida, pero Eliana me advirtió que nuestras primeras horas en la ciudad estaban destinadas a visitar el Centro Administrativo de la N.A.S.A., donde se controlan los vuelos espaciales.

15 Como muchas otras veces, al llegar a una nueva ciudad, apenas instaladas en el hotel Ben Milan, en la mañana de un domingo soleado, nos avisaron que nuestra acompañante de aquel día, Miss Judy Swisher, nos estaba ya esperando.

Al subir al coche de Miss Judy recibimos la sorpresa de 20 encontrar ya ocupadas dos de sus plazas.[22] La una por Miss Mieko Hirose, periodista de Hiroshima, poco más o menos de mi

[18] **mareo**—turbación o molestia en la cabeza, vértigo [19] **duendes**—*goblins*
[20] **quimérico**—imaginario [21] **hogareño**—como en casa, confortable
[22] **plazas**—sitios, asientos

edad e invitada como yo por el Departamento de Estado, y la otra por su intérprete, la señora Ante, también japonesa y que escasamente representaba veinte años.

Miss Hirose no sabía ni inglés ni español y yo, por descontado,[23] ni una palabra de japonés, pero nos entendimos a la perfección a través de nuestras respectivas intérpretes y de una simpatía espontánea que hizo muy agradable la mañana.

Nos dirigimos al Centro de la N.A.S.A. por una autopista corriente parecida a la de Barajas[24] y tuvimos ocasión de ver el Crest Hotel, donde, cuando hay lanzamiento de astronautas, se alojan periodistas del mundo entero para recoger las noticias que va dando el Centro Administrativo.

Sin embargo, aquella mañana el itinerario iba a deslizarse por cauces distintos[25] a los señalados: la N.A.S.A. no recibía visitas especiales. Se habían suspendido a causa del intenso trabajo que en aquellos momentos originaba el proyecto Apolo, incrementado además por las dificultades surgidas en aquellos días entre la empresa constructora de cohetes y el gobierno.

No quedaba otro recurso entonces, una vez allí, que hacer lo que muchos ciudadanos de Houston suelen hacer un domingo: entrar en el cine del Centro, donde se proyectan gratuitamente películas sobre los vuelos espaciales, visitar el pequeño museo y ocupar por un momento —después de hacer cola entre padres jóvenes y sus niños— una cápsula igual a la que ocuparon los primeros astronautas. Y, por último, fotografiarse junto a uno de los alargados cohetes que adornan los espacios verdes, a la entrada del edificio.

[23] **por descontado**—por supuesto, naturalmente

[24] **Barajas**—aeropuerto de Madrid

[25] **iba . . . distintos**—iba a tomar una ruta diferente

Cabo Kennedy

Tiempo atrás estas tierras pantanosas[26] eran de poco valor y fueron adquiridas por la N.A.S.A. y las Fuerzas Aéreas precisamente por lo alejadas que están de las ciudades y por su proximidad al mar. El puente más grande sobre los pantanos se construyó 5 especialmente para que pudiera soportar el paso de los camiones plataformas que trasladan los cohetes de lanzamiento.

Las explicaciones que dio Bentley aquella tarde, 29 de noviembre de 1965, sobre los cohetes de lanzamiento y los proyectos que había sobre ellos, es posible que hayan cambiado, y que la inten- 10 ción de mandar hombres a la Luna por medio de un gran cohete Saturno V, aproximadamente hacia el año setenta, se adelante en vista de la vertiginosa[27] carrera espacial que obliga a modificar los programas previstos y de los que estamos al tanto casi a diario por la prensa.

15 En la llanura surgieron las grandes torres de radio. Es en esas torres desde donde, oprimiendo un botón en caso de ser necesario, puede desintegrarse un cohete si se comprueba que al lanzarlo falla su funcionamiento y se convierte en un grave peligro.

«Cimientos[28] de los vuelos espaciales» se les llama a las dos 20 torres de hierro que se utilizaron para lanzar con éxito 32 modelos de cohetes Delta. El «museo» de las Fuerzas Aéreas aparece después, y allí está la torre desde la que fueron lanzados Shepard y Grissom en vuelos suborbitales.

—En la época de los antiguos lanzamientos... hace cuatro 25 años —dijo Bentley—, los pobres astronautas permanecían cinco horas dentro de la cápsula antes de dispararse el cohete. En la actualidad, con una hora u hora y media es suficiente.

[26] **pantanosas**—*swampy* (**pantano** = *swamp*) [27] **vertiginosa**—tremenda
[28] **cimientos**—bases o fundamentos

En el «museo», entre el verdor del campo, hay distintos modelos de «polaris» y un cohete propulsor, gemelo del gran Titán que llevó dos hombres al espacio. Las tres secciones del cohete están separadas para que pueda apreciarse cómo se realiza el desligamiento[29] en tres fases una vez lanzado. En un Titán lo 5 mismo se puede mandar al espacio hombres, que laboratorios electrónicos, que bombas atómicas.

Greenwich Village

A pie nos dirigimos al *Village* cercano. En cuanto nos metimos por sus calles vimos tiendas iluminadas y abiertas, y por las aceras algunos tipos que recordaban a otros vistos en el Boulevard 10 St. Michel en París.

Nos tropezamos con una pareja de chinos viejos, felices, cogidos de la mano, muertos de risa. Abundaban los chicos y chicas melenudos[30] y desastrados.[31] Eliana dio un grito de alegría al descubrir a un hombre obesísimo que parecía turco por el gorro 15 que llevaba y que según ella vendía unas tortas muy ricas.

En una esquina preguntamos a unos negros la dirección de Washington Square, la plaza donde los *beatniks* lanzan sus protestas contra la guerra del Vietnam cantando y tocando acordeones, y los artistas exponen sus obras al aire libre. Junto a 20 esa plaza Eliana aseguraba que había un restaurante baratísimo y maravilloso.

[29] **desligamiento**—separación o división
[30] **melenudos**—de pelo muy largo
[31] **desastrados**—sucios y mal vestidos

Los negros, después de echarnos una ojeada, dijeron que la plaza estaba peligrosa, llena de policías.

Fuimos hacia allá. La plaza lo que estaba era desolada, negra y vacía. Dimos la vuelta buscando el restaurante sin encontrarlo. 5 Nos metimos por otras calles y seguimos encontrando tiendas de arte, de ropa usada y sin usar y casas de comida, todo abierto y encendido. Y más mujeres y hombres melenudos y otra vez al turco de las tortas riquísimas.

Volvimos a preguntar y fue preciso retroceder hacia el parque 10 Washington Square. Entonces vimos a algunas personas corriendo a la luz de los faroles, entre las siluetas de los árboles invernales, y el coche de la policía en medio. Me dijeron que Washington Square es también mercado de drogas.

Nos metimos otra vez por calles del Greenwich, grandes calles, 15 grandes edificios y algunos rincones pequeños, graciosos, parecidos a otros de París y, sin embargo, con su propia peculiaridad. Una vez más tropezamos con el turco y ya nos dio risa. Volvimos a preguntar y volvieron a enviarnos hacia el parque; pero estábamos rendidas[32] y hambrientas y con mucho frío, y empu-20 jamos la puerta de la primera casa de comidas que nos salió al paso;[33] y entre la calidez, el humo y los pintorescos melenudos, comimos un hermosísimo filete y una ensalada muy sabrosa por muy poco dinero.

[32] **rendidas**—muy cansadas

[33] **la primera casa de comidas que nos salió al paso**—el primer restaurante que vimos

I. Estudio de palabras

A. SINÓNIMOS

1. *recorrer*—caminar o andar por (*el recorrido* es la distancia que recorre una persona)
2. *acudir a*—asistir a, ir a, venir a
3. *señalar*—indicar
4. *sabroso*—delicioso

B. DEFINICIONES

1. *el bigote* (o *los bigotes*)—el pelo que cubre el labio superior del hombre
2. *el barrio*—la sección de una ciudad
3. *la autopista*—carretera especialmente acondicionada para las grandes velocidades
4. *el tejado*—la parte superior que cubre un edificio o una casa
5. *la bruja*—mujer que, según la superstición popular, tiene un poder sobrenatural o mágico
6. *alojarse*—pasar la noche en un hotel o una venta
7. *trasladar*—mover de un sitio a otro

C. PALABRAS USADAS EN CONTEXTO

1. *estacionamiento:* En las ciudades grandes es difícil encontrar estacionamiento para los automóviles; por eso, es mejor usar los medios de transporte públicos.
2. *el maquillaje:* Las mujeres se ponen maquillaje para parecer más bonitas.
3. *disfrazado:* El actor estaba tan bien disfrazado que apenas podíamos reconocerlo.
4. *el cohete:* En los últimos años se han lanzado muchos cohetes a la Luna.
5. *el vuelo:* El avión hizo el vuelo a California en menos de cinco horas.

6. *el gemelo:* Juan y José son gemelos y se parecen tanto que no podemos distinguir entre los dos.
7. *el farol:* Las calles están muy bien iluminadas por los faroles nuevos que se han instalado.

D. PALABRAS RELACIONADAS

1. el campanil (*campana*): torre donde se colocan las campanas de una iglesia o cualquier otro edificio (también se llama «campanario»)
2. desviarse (*vía*): cambiar de dirección o tomar otro camino
3. agrandar (*grande*): hacer más grande o aumentar las dimensiones de una cosa
4. soleado (*sol*): con mucho sol; por ejemplo, «un día soleado»
5. alargado (*largo*): prolongado (del verbo *alargar*)
6. alejado (*lejos*): distante, remoto (del verbo *alejar*)

E. MODISMOS

1. *carecer de*—no tener («carezco de dinero» = «me falta dinero»)
2. *hacer cola*—formar una fila de personas para esperar algo: «Tuvimos que hacer cola para ver la película.»
3. *estar al tanto*—quedar informado: «Hay que estar al tanto de las noticias para saber lo que pasa en el mundo.»
4. *a diario*—todos los días
5. *en la actualidad*—en el tiempo presente
6. *echar una ojeada*—echar una mirada rápida a alguien o algo
7. *dar la vuelta*—ir en dirección contraria

II. Ejercicios

A. Verdad o Mentira: Si la frase está correcta, escriba Vd. la palabra «verdad»; si no está correcta, escriba la frase otra vez, corrigiéndola.

1. Carmen Laforet comprende todo lo que ve en la I.B.M. porque es aficionada a la física.

2. Carmen Laforet pasó su día libre en San Francisco con una boliviana que había sido invitada también y que era la fundadora de una asociación para mujeres votantes en su país.
3. La mayoría de los que visitan a Disneylandia son niños.
4. Casi nadie pasa más de una tarde en Disneylandia.
5. Hay pocos empleados en Disneylandia.
6. Carmen Laforet y su intérprete Eliana visitaron la N.A.S.A. a solas con su guía Miss Judy Swisher.
7. Los oficiales de los proyectos espaciales adquirían las tierras del Cabo Kennedy porque estaban alejadas de ciudades y cercanas al mar.
8. A pesar de las buenas intenciones, cuando se trata de proyectos para la conquista del espacio, hay cambios constantes entre lo hecho y lo proyectado.
9. Al ver por primera vez Greenwich Village, Carmen Laforet pensó en visitas hechas al Boulevard St. Michel en París.
10. Carmen Laforet parece no haberse divertido en Greenwich Village.

B. **Preguntas sobre el contenido:** Conteste Vd. en frases completas.

1. ¿Qué habría preferido hacer Carmen Laforet en San Francisco? Siendo escritora y turista, ¿por qué lo habría considerado lógico, y qué habría aprendido así? ¿Por qué no lo podía hacer?
2. Describa la fábrica de la I.B.M.
3. ¿Qué se puede hacer hoy en día con un cerebro electrónico?
4. ¿Qué sitio cerca de San Francisco visitó Carmen Laforet, y qué vio allí?
5. ¿Qué hubiera preferido ver? ¿Cuánto tiempo pudo pasar a su gusto?
6. ¿Cómo logró Carmen Laforet evitar la visita al departamento de física? ¿Por qué querían que lo viera y por qué no lo quería ver ella?
7. ¿Qué aprendió Carmen Laforet de la Liga de Mujeres Votantes?
8. Describa el viaje que hizo Carmen Laforet a Disneylandia. ¿Es típico de los viajes en las autopistas norteamericanas en general? ¿Por qué es así? En su opinión, ¿cómo se puede mejorar esta situación?

9. Según la autora, ¿quiénes se divierten más en Disneylandia: los niños o los mayores? ¿Por qué?
10. ¿Cómo se llaman los «países» que encontró Carmen Laforet en Disneylandia? Describa cada uno de ellos.
11. ¿Cuál de los «países» le interesaba menos a Carmen Laforet y por qué?
12. ¿Qué quería Carmen Laforet ver primero en Houston y por qué? ¿Qué vio?
13. ¿Cómo conversaban Carmen Laforet y la señorita Mieko Hirose?
14. ¿Por qué no pudieron realizar su visita a la N.A.S.A. las cinco mujeres?
15. ¿Qué hicieron en vez de hacer su visita? Como resultado de esta sustitución de visitas, ¿por qué podemos considerar a Carmen Laforet una turista ordinaria?
16. ¿Qué objetos se ven en las llanuras del Cabo Kennedy y qué papel desempeñan en el lanzamiento de un cohete?
17. ¿Qué progresos ya se habían hecho desde los primeros lanzamientos de hombres al espacio hasta la época de la visita de Carmen Laforet?
18. ¿Qué se ve en el museo del Cabo Kennedy?
19. Describa a algunas de las personas que ven Carmen Laforet y Eliana en Greenwich Village. ¿Cuál parece ser la favorita de Eliana y por qué?
20. Carmen Laforet habla de los «beatniks». Describa usted a un beatnik. ¿Es una palabra que seguimos usando hoy día? ¿Es un tipo que todavía existe?
21. ¿Qué querían ellas ver en el parque de Washington Square?
22. Contraste lo que ellas ven en las calles pequeñas de Greenwich Village con lo que ven cuando por fin encuentran el parque de Washington Square.
23. ¿Dónde querían ellas comer? ¿Dónde comieron por fin?

C. Vocabulario: Complete Vd. cada frase con una palabra sacada del «Estudio de palabras».

1. Vivimos en un ________ nuevo de nuestra ciudad.

2. El ________ número 951 partirá para Madrid a las ocho en punto.
3. Mamá nos preparó una comida ________.
4. Esa mujer sabe demasiado; parece una ________.
5. Entre las dos ciudades hay una gran ________ recién construida.
6. Los actores se ponen el ________ antes de aparecer en la escena.
7. Con sus ________ José parece más viejo que antes.
8. Los turistas van a ________ la ciudad en un autobús.
9. Después de tanta lluvia, nos alegramos de tener un día ________.
10. El maestro me ________ mi error.

D. En años recientes hemos desarrollado un vocabulario nuevo para describir nuestros programas de la conquista del espacio. Haga usted una lista de estas palabras sacadas de su lectura de las selecciones «La N.A.S.A.» y «Cabo Kennedy».

E. Temas literarios

1. ¿Qué progresos se han hecho desde la visita de Carmen Laforet a los Estados Unidos en cuanto a los programas del Cabo Kennedy y de la N.A.S.A.?
2. Hay muchas discusiones con respecto a los gastos de los Estados Unidos en su programa espacial. Describa de qué se tratan. ¿Cuál es la opinión suya de la necesidad, importancia, etc., de seguir con el programa?
3. Si Vd. fuera Carmen Laforet y pudiera elegir sólo uno de los sitios que ella vio para una «visita oficial», ¿cuál escogería? ¿Por qué? ¿Qué querría Vd. ver y hacer allí?
4. ¿Qué representa Disneylandia para Carmen Laforet? ¿Por qué es mejor si un visitante a Disneylandia tiene una imaginación viva?
5. Dice Carmen Laforet:

> En el mundo fantástico en el que vivimos hoy día, en realidad un mundo más poblado de terrores e incomprensiones que el de las brujas y los duendes y los fantasmas de otros siglos, este mundo quimérico es como un respiro, como algo hogareño donde se descansa.

Explique el significado de estas líneas en cuanto al mundo que le rodea a Vd. y a la descripción de Disneylandia leída aquí.

6. En Greenwich Village, Carmen Laforet y Eliana pedían informes a unos negros con respecto a la dirección del parque de Washington Square. La autora dice: «Los negros, después de echarnos una ojeada, dijeron que la plaza estaba peligrosa, llena de policías.» ¿Qué significan estas líneas? ¿Qué nos dicen de la «sociedad» de Greenwich Village y de nuestra sociedad más grande hoy día?

Ana María Matute

Ana María Matute nació en Barcelona el 26 de julio de 1926. Es autora de novelas y de cuentos. Sus temas preferidos son los niños, la soledad, la Guerra Civil española, y el sufrimiento causado por la falta de comprensión y por las pasiones humanas como el odio y la envidia. Ella combina el realismo con lo poético, la realidad externa con la vida interior. Siempre hay cierto pesimismo en sus obras.

Ana María Matute escribe con un estilo sencillo y claro. Su mayor acierto en cuanto a sus personajes queda con los niños. Ella se sitúa dentro del cuento con toda su capacidad de mujer—de madre, de hija, de abuela, etc.—y así, como la persona más unida al niño es la mujer, puede verlo todo como si tuviese los ojos del niño mismo.

En sus cuentos, no es el mundo de la persona madura el que contemplamos, sino el del niño visto por él, o por la autora misma. Es el mundo del niño con sus ilusiones, frustraciones, gozos, y momentos difíciles de «la vida». La acción suele tener lugar en el campo virgen, para así formar un paralelo con el niño inocente que acepta el código cruel del vivir, sin comprenderlo pero sin rechazarlo. Muchas veces la autora se mete más directamente en sus obras al usar la primera persona para narrar el cuento. Aquí tenemos dos ejemplos de sus cuentos de niños: «Los Chicos» y «Bernardino».

El cuento «Los Chicos» nos habla de dos grupos de muchachos. Unos viven tranquilamente en un pueblo pequeño de España; son ellos los «niños» del pueblo. Otros viven en las afueras del mismo pueblo por una temporada y no son aceptados por los demás; éstos son los «chicos». Con mucho uso de detalles, la autora nos habla de la crueldad de los chicos para con los niños y la reacción salvaje del «jefe» de los niños contra uno de los chicos más débiles del grupo. Al leer el cuento podemos ver bien claramente el contraste entre los dos mundos juveniles.

El protagonista del cuento «Bernardino» es un niño que vive en una finca, y quien es considerado por todos los demás niños como un «niño extraño». Es un niño solitario y ensimismado. A causa de su vida apartada del pueblo y de su personalidad misma, no tiene ni un solo amigo entre los demás niños del lugar. Tiene sólo una preocupación y un amor: su perro Chu. Y del mismo modo en que recibe Bernardino el desprecio de los otros niños, recibe el amor y la lealtad de Chu. Este cariño mutuo forma la base del cuento. Por medio de unos diálogos y descripciones bien escogidos, Ana María Matute nos lleva a ver que a través de las relaciones entre un niño y su perro podemos ver el fondo de la personalidad, en este caso bien oculto, del niño. Porque al final del cuento, por triste que sea este fin, Bernardino ha logrado ganar el respeto de todos los niños, y hasta el cariño de algunos. También nos ha ganado a nosotros, los lectores, totalmente.

Los chicos

Eran sólo cinco o seis, pero así, en grupo, viniendo carretera adelante, se nos antojaban quince o veinte. Llegaban casi siempre a las horas achicharradas[1] de la siesta, cuando el sol caía de plano contra el polvo y la grava desportillada[2] de la carretera vieja, por donde ya no circulaban camiones ni carros, ni vehículo alguno. Llegaban entre una nube de polvo, que levantaban sus pies, como las pezuñas de los caballos. Los veíamos llegar, y el corazón nos latía de prisa. Alguien, en voz baja, decía: «¡Que vienen los chicos...!» Por lo general, nos escondíamos para tirarles piedras, o huíamos.

Porque nosotros temíamos a los chicos como al diablo. En realidad, eran una de las mil formas del diablo, a nuestro entender. Los chicos harapientos, malvados, con los ojos oscuros y brillantes como cabezas de alfiler[3] negro. Los chicos descalzos y callosos, que tiraban piedras de largo alcance, con gran puntería, de golpe más seco y duro que las nuestras. Los que hablaban un idioma entrecortado,[4] desconocido, de palabras como pequeños latigazos, de risas como salpicaduras de barro. En casa nos tenían prohibido terminantemente entablar relación alguna con esos chicos. En realidad, nos tenían prohibido salir del prado, bajo ningún pretexto. (Aunque nada había tan tentador, a nuestros ojos, como saltar el muro de piedras y bajar al río, que, al otro lado, huía[5] verde y oro, entre los juncos[6] y los chopos.[7]) Más allá,

[1] **achicharradas**—de más calor [2] **desportillada**—deteriorada
[3] **alfiler**—*pin* [4] **entrecortado**—roto, interrumpido [5] **huía**—corría
[6] **juncos**—*rushes* [7] **chopos**—*black poplars*

pasaba la carretera vieja, por donde llegaban casi siempre aquellos chicos distintos, prohibidos.

Los chicos vivían en los alrededores del Destacamento Penal. Eran los hijos de los presos del Campo, que redimían sus penas en 5 la obra del pantano. Entre sus madres y ellos habían construido una extraña aldea de chabolas[8] y cuevas, adosadas a[9] las rocas, porque no se podían pagar el alojamiento en la aldea, donde, por otra parte, tampoco eran deseados. «Gentuza, ladrones, asesinos... », decían las gentes del lugar. Nadie les hubiera alquilado 10 una habitación. Y tenían que estar allí. Aquellas mujeres y aquellos niños seguían a sus presos, porque de esta manera vivían del jornal, que, por su trabajo, ganaban los penados.

Para nosotros, los chicos eran el terror. Nos insultaban, nos apedreaban, deshacían nuestros huertecillos[10] de piedra y nuestros 15 juguetes, si los pillaban sus manos. Nosotros los teníamos por seres de otra raza, mitad monos, mitad diablos. Sólo de verles nos venía un temblor grande, aunque quisiéramos disimularlo.

El hijo mayor del administrador era un muchacho de unos trece años, alto y robusto, que estudiaba el bachillerato en la 20 ciudad. Aquel verano vino a casa de vacaciones, y desde el primer día capitaneó nuestros juegos. Se llamaba Efrén y tenía unos puños rojizos, pesados como mazas,[11] que imponían un gran respeto. Como era mucho mayor que nosotros, audaz y fanfarrón,[12] le seguíamos a donde él quisiera.

25 El primer día que aparecieron los chicos de las chabolas, en tropel, con su nube de polvo, Efrén se sorprendió de que echáramos a correr y saltáramos el muro en busca de refugio.

—Sois cobardes — nos dijo —. ¡Esos son pequeños!

No hubo forma de convencerle de que eran otra cosa: de que 30 eran algo así como el espíritu del mal.

—Bobadas —dijo. Y sonrió de una manera torcida y particular, que nos llenó de admiración.*

[8] **chabolas**—casitas donde viven los pobres [9] **adosadas a**—junto a
[10] **huertecillos**—jardincitos [11] **mazas**—bastones grandes con cabezas gruesas
[12] **fanfarrón**—que se llama la atención a sí mismo ***admiración**—sorpresa

Al día siguiente, cuando la hora de la siesta, Efrén se escondió entre los juncos del río. Nosotros esperábamos, ocultos detrás del muro, con el corazón en la garganta. Algo había en el aire que nos llenaba de pavor.[13] (Recuerdo que yo mordía la cadenilla de la medalla y que sentía en el paladar un gusto de metal raramente frío. Y se oía el canto crujiente de las cigarras[14] entre la hierba del prado.) Echados en el suelo, el corazón nos golpeaba contra la tierra.

Al llegar, los chicos escudriñaron hacia el río, por ver si estábamos buscando ranas,[15] como solíamos. Y para provocarnos empezaron a silbar y a reír de aquella forma de siempre, opaca y humillante. Ese era su juego: llamarnos, sabiendo que no apareceríamos. Nosotros seguimos ocultos y en silencio. Al fin, los chicos abandonaron su idea y volvieron al camino, trepando terraplén arriba.[16] Nosotros estábamos anhelantes y sorprendidos, pues no sabíamos lo que Efrén quería hacer.

Mi hermano mayor se incorporó a mirar por entre las piedras y nosotros le imitamos. Vimos entonces a Efrén deslizarse entre los juncos como una gran culebra. Con sigilo[17] trepó hacia el terraplén, por donde subía el último de los chicos, y se le echó encima.

Con la sorpresa, el chico se dejó atrapar.[18] Los otros ya habían llegado a la carretera y cogieron piedras, gritando. Yo sentí un gran temblor en las rodillas, y mordí con fuerza la medalla. Pero Efrén no se dejó intimidar. Era mucho mayor y más fuerte que aquel diablillo negruzco que retenía entre sus brazos, y echó a correr arrastrando a su prisionero hacia el refugio del prado, donde le aguardábamos. Las piedras caían a su alrededor y en el río, salpicando de agua aquella hora abrasada.[19] Pero Efrén saltó ágilmente sobre las pasaderas,[20] y arrastrando al chico, que se

[13] **pavor**—miedo [14] **cigarras**—*locusts* [15] **ranas**—*frogs*
[16] **trepando . . . arriba**—subiendo por un pedazo grande de tierra
[17] **sigilo**—reserva, prudencia
[18] **se dejó atrapar**—dejó que Efrén le atrapara
[19] **hora abrasada**—hora de calor (el autor se refiere al calor y a la escena)
[20] **pasaderas**—piedras para facilitar el paso

revolvía furiosamente, abrió la empalizada[21] y entró con él en el prado. Al verlo perdido, los chicos de la carretera dieron media vuelta y echaron a correr, como gazapos,[22] hacia sus chabolas.

Sólo de pensar que Efrén traía a una de aquellas furias, estoy 5 segura de que mis hermanos sintieron el mismo pavor que yo. Nos arrimamos al muro, con la espalda pegada a él, y un gran frío nos subía por la garganta.

Efrén arrastró al chico unos metros, delante de nosotros. El chico se revolvía desesperado e intentaba morderle las piernas, 10 pero Efrén levantó su puño enorme y rojizo, y empezó a golpearle la cara, la cabeza y la espalda. Una y otra vez, el puño de Efrén caía, con un ruido opaco. El sol brillaba de un modo espeso y grande, sobre la hierba y la tierra. Había un gran silencio. Sólo oíamos el jadeo del chico, los golpes de Efrén y el fragor[23] del 15 río, dulce y fresco, indiferente, a nuestras espaldas. El canto de las cigarras parecía haberse detenido. Como todas las voces.

Efrén estuvo mucho rato golpeando al chico con su gran puño. El chico, poco a poco, fue cediendo. Al fin, cayó al suelo de rodillas, con las manos apoyadas en la hierba. Tenía la carne 20 oscura, del color del barro seco, y el pelo muy largo, de un rubio mezclado de vetas[24] negras, como quemado por el sol. No decía nada y se quedó así, de rodillas. Luego, cayó contra la hierba, pero levantando la cabeza, para no desfallecer[25] del todo. Mi hermano mayor se acercó despacio, y luego nosotros.

25 Parecía mentira[26] lo pequeño y lo delgado que era. «Por la carretera parecían mucho más altos», pensé. Efrén estaba de pie a su lado, con sus grandes y macizas[27] piernas separadas, los pies calzados con grueses botas de ante.[28] ¡Qué enorme y brutal parecía Efrén en aquel momento!

[21] **empalizada**—cerca; algo que encierra una parte del prado

[22] **gazapos**—*young rabbits* [23] **fragor**—ruido

[24] **vetas**—*veins*

[25] **desfallecer**—perder la fuerza

[26] **Parecía mentira**—Parecía increíble [27] **macizas**—sólidas, gruesas

[28] **ante**—material suave y liso que se usa para hacer abrigos y zapatos

—¿No tienes aún bastante? — dijo en voz muy baja, sonriendo. Sus dientes, con los colmillos salientes, brillaron al sol —. Toma, toma...

Le dio[29] con la bota en la espalda. Mi hermano mayor retrocedió un paso y me pisó. Pero yo no podía moverme: estaba como clavada en el suelo. El chico se llevó la mano a la nariz. Sangraba, no se sabía si de la boca o de dónde.

Efrén nos miró.

—Vamos — dijo —. Este ya tiene lo suyo.[30]

Y le dio con el pie otra vez.

—¡Lárgate,[31] puerco! ¡Lárgate en seguida!

Efrén se volvió, grande y pesado, despacioso, hacia la casa. Muy seguro de que le seguíamos.

Mis hermanos, como de mala gana, como asustados, le obedecieron. Sólo yo no podía moverme, no podía, del lado del chico. De pronto, algo raro ocurrió dentro de mí. El chico estaba allí, tratando de incorporarse, tosiendo. No lloraba. Tenía los ojos muy achicados, y su nariz, ancha y aplastada, vibraba extrañamente. Estaba manchado de sangre. Por la barbilla le caía la sangre, que empapaba[32] sus andrajos[33] y la hierba. Súbitamente me miró. Y vi sus ojos de pupilas redondas, que no eran negras sino de un pálido color de topacio, transparentes, donde el sol se metía y se volvía de oro. Bajé los míos,[34] llena de una vergüenza dolorida.

El chico se puso en pie, despacio. Se debió herir en una pierna, cuando Efrén lo arrastró, porque iba cojeando hacia la empalizada. No me atreví a mirar su espalda, renegrida y desnuda entre los desgarrones.[35] Sentí ganas de llorar, no sabía exactamente por qué. Unicamente supe decirme: «Si sólo era un niño. Si era nada más que un niño, como otro cualquiera».

[29] **dio**—pegó [30] **lo suyo**—lo que debe recibir, lo que merece
[31] **¡Lárgate!**—Vete, sal de aquí.
[32] **empapaba**—mojaba [33] **andrajos**—ropa vieja y rota
[34] **los míos**—mis ojos [35] **desgarrones**—*shreds*

I. Estudio de palabras

A. SINÓNIMOS

1. *antojarse*—parecer
2. *el preso*—el penado, el convicto
3. *la culebra*—la serpiente
4. *aguardar*—esperar
5. *arrimarse a*—acercarse a

B. DEFINICIONES

1. *harapiento*—llevando pedazos rotos de ropa (harapos)
2. *descalzo*—sin zapatos (contrario de *calzado*)
3. *el prado*—campo en que se deja crecer hierba para el ganado
4. *el pantano*—gran depósito donde se recogen y se detienen las aguas
5. *el jornal*—dinero que se gana en un día
6. *el bachillerato*—segunda enseñanza, casi equivalente a la «high school»
7. *el puño*—la mano cerrada
8. *el paladar*—la partc superior de la boca
9. *escudriñar*—examinar con cuidado
10. *anhelante*—que tiene gran deseo
11. *arrastrar*—llevar una cosa o persona por el suelo
12. *el jadeo*—dificultad en respirar
13. *el colmillo*—el diente canino
14. *pisar*—poner el pie sobre alguna cosa
15. *cojear*—andar con dificultad (*el cojo* es el que anda con dificultad)

C. PALABRAS RELACIONADAS

1. malvado (*malo*): perverso, muy malo
2. el latigazo (*látigo*): golpe dado con un látigo
3. la gentuza (*gente*): gente muy baja y despreciable
4. apedrear (*piedra*): tirar o echar piedras

5. la bobada (*bobo*): acción boba o estúpida
6. golpear (*golpe*): dar golpes
7. achicado (*chico*): de un chico («ojos achicados»)

D. MODISMOS

1. *entablar relación*—establecer relaciones con alguien
2. *tener por*—considerar: «Los teníamos por muertos.»
3. *echar a* (+ infinitivo)—comenzar a
4. *caer de plano*—caer en línea recta (con referencia al sol)
5. *en tropel*—con movimiento acelerado y violento

E. NOTA ESTILÍSTICA

Se puede formar un verbo a base de un sustantivo. Por ejemplo: «Empezó a *golpear*le la cara.» El verbo «golpear» está relacionado con el sustantivo «golpe». Otros ejemplos encontrados en el cuento son:

nos *apedreaban* (piedra)
desde el primer día *capitaneó* nuestros juegos (capitán)
iba *cojeando* hacia la empalizada (cojo)

II. Ejercicios

A. Verdad o Mentira: Si la frase está correcta, escriba Vd. la palabra «verdad»; si no está correcta, escriba la frase de nuevo, corrigiéndola.

1. Los «chicos» solían llegar temprano por la mañana.
2. Los niños tenían gran miedo a los «chicos».
3. Los «chicos» hablaban un lenguaje difícil de entender.
4. A veces se les permitía a los niños salir a jugar con los «chicos».
5. Los padres de los «chicos» eran presos que trabajaban en los campos.

6. Los niños le tenían respeto a Efrén por su gran sabiduría.
7. Los «chicos» cambiaron de plan, a la sorpresa de todos.
8. A Efrén le dio mucha pena ver sufrir al chico.
9. Todos los niños siguieron a Efrén después del incidente.
10. A la niña le pareció el chico más pequeño de lo que le había imaginado antes.
11. Los «chicos» siempre respetaban la propiedad ajena.
12. Efrén creía que los «chicos» eran grandes y feroces.
13. Para provocar a los niños, los «chicos» silbaban y reían de un modo humillante.
14. Todos los «chicos» corrieron detrás de Efrén y su preso.
15. El «chico» herido lloró mucho.

B. Escoja la palabra o palabras que completen cada frase.

1. Había ______ «chicos».
   a. una docena de *b.* veinte *c.* cinco o seis *d.* dos o tres
2. Las mujeres y los «chicos» siguen a los hombres porque ______.
   a. es la ley *c.* los quieren
   b. viven de lo que ellos ganan *d.* así ven todo el país
3. Efrén es ______.
   a. el hijo mayor del administrador
   b. el hijo menor del administrador
   c. uno de los «chicos»
   d. un hombre maduro
4. Efrén esperó a los «chicos» ______.
   a. en el prado *c.* al lado del río
   b. cerca del pueblo *d.* entre unos juncos
5. Los niños esperaban a los «chicos» ______.
   a. en el prado *c.* detrás de un muro
   b. entre los juncos *d.* en sus casas
6. Efrén llevó a su preso al ______ para pegarle.
   a. río *b.* junco *c.* árbol *d.* prado

C. Preguntas sobre el contenido: Conteste Vd. en frases completas.

1. ¿Quiénes son los «chicos» y cómo se diferencian de los demás niños?
2. Describa Vd. detalladamente a los «chicos».
3. ¿Dónde y cómo viven los «chicos»?
4. ¿Qué representaban los «chicos» para los niños?
5. ¿Cómo trató Efrén al chico preso?
6. Describa Vd. la escena en el prado aquella tarde.
7. Describa al chico después de ser preso por Efrén.
8. ¿Cómo quedó el chico después del ataque?
9. ¿Por qué estaba la narradora llena de una vergüenza dolorida?
10. ¿Cuáles son los últimos pensamientos de la narradora? ¿Cómo se contrastan con sus pensamientos a través del cuento?

D. Vocabulario: Complete Vd. cada frase con una palabra sacada del «Estudio de palabras».

1. Al recibir su ________, Pedro va a entrar en la universidad.
2. La policía busca un ________ que se ha escapado de la cárcel.
3. Al pasar por el campo, el niño fue mordido por una ________ venenosa.
4. Para hacer correr al caballo, el cochero le dio muchos ________.
5. Los niños andaban ________ por la playa.
6. Al comer el chile con carne, el hombre se quemó el ________.
7. La madre no pudo tolerar las ________ de sus hijos.
8. Se nos ________ que van a llegar tarde.
9. No se permite ________ la hierba del jardín.
10. Los pobres tienen que trabajar largas horas por el ________ pequeño que reciben.
11. Al abrir la boca, el animal mostró sus grandes ________.
12. Las vacas están muy contentas comiendo la hierba del ________.
13. El muchacho grande le dio un golpe con su ________.
14. El perro grande ________ al niño por la calle.

E. Expresiones literarias y metáforas: Busque Vd. las siguientes expresiones en el texto y explique el significado o las circunstancias de cada una.

1. El sol caía de plano contra el polvo . . .
2. . . . levantaba los pies, como las pezuñas de los caballos.
3. . . . ojos . . . como cabezas de alfiler negro.
4. . . . palabras como pequeños latigazos . . .
5. . . . risas como salpicaduras de barro.
6. . . . tenía unos puños rojizos, pesados como mazas . . .
7. . . . el corazón nos golpeaba contra la tierra.
8. . . . salpicando de agua aquella hora abrasada.
9. . . . donde el sol se metía y se volvía de oro.
10. . . . estaba como clavada en el suelo.

F. Temas de presentación oral en la clase

1. La narradora dice: «Porque nosotros temíamos a los chicos como al diablo». Alguna vez en su vida Vd. debe de haber experimentado este tipo de miedo. ¿Cuándo fue?
2. El final del cuento es muy triste. ¿Es posible darle una conclusión alegre? ¿Cómo sería esta conclusión? ¿Mejoraría o quitaría valor al cuento? Justifique su respuesta.

G. Resumen: Escriba Vd. un párrafo de unas quince frases en que Vd. resume este cuento. Puesto que Ana María Matute es una autora muy descriptiva, mencione las imágenes que le hayan impresionado más.

H. Temas de composición libre: Lea Vd. el cuento otra vez, y después, escriba unos párrafos sobre los temas que siguen:

1. Ana María Matute es considerada una autora pesimista. ¿Cómo se ve este pesimismo en el cuento?
2. Ana María Matute muestra una comprensión de los niños en general. ¿Cómo se ve esto en su obra? ¿De qué modo son normales los «chicos» de este cuento? ¿De qué modo no son normales

los «chicos»? Justifique su respuesta con citas del cuento y con sus propias experiencias.

3. Una persona «sádica» goza del sufrimiento del otro. ¿Es sádico Efrén? Explique su opinión.
4. ¿Por qué no les gusta a los aldeanos que sus hijos jueguen con los hijos de los penados? ¿Es una reacción natural? ¿Por qué? ¿Se ve algo del sistema social en este pueblo?
5. ¿Cuál era la gran atracción de los «chicos» para los niños? ¿Es normal ver un atractivo en lo prohibido? ¿Lo ve Vd. mismo? Justifique su opinión con citas del cuento y con referencias a su vida.

Bernardino

Siempre oímos decir en casa, al abuelo y a todas las personas mayores, que Bernardino era un niño mimado.

Bernardino vivía con sus hermanas mayores, Engracia, Felicidad y Herminia, en «Los Lúpulos», una casa grande, rodeada 5 de tierras de labranza y de un hermoso jardín, con árboles viejos agrupados formando un diminuto bosque, en la parte lindante con[1] el río. La finca se hallaba en las afueras del pueblo, y, como nuestra casa, cerca de los grandes bosques comunales.

Alguna vez, el abuelo nos llevaba a «Los Lúpulos», en la 10 pequeña tartana,[2] y, aunque el camino era bonito por la carretera antigua, entre castaños y álamos,[3] bordeando el río, las tardes en aquella casa no nos atraían. Las hermanas de Bernardino eran unas mujeres altas, fuertes y muy morenas. Vestían a la moda antigua —habíamos visto mujeres vestidas como ellas en el 15 álbum de fotografías del abuelo— y se peinaban con moños[4] levantados, como roscas[5] de azúcar, en lo alto de la cabeza. Nos parecía extraño que un niño de nuestra edad tuviera hermanas que parecían tías, por lo menos. El abuelo nos dijo:

—Es que la madre de Bernardino no es la misma madre de sus 20 hermanas. El nació del segundo matrimonio de su padre, muchos años después.

Esto nos armó[6] aún más confusión. Bernardino, para nosotros,

[1] **lindante con**—junto a, cerca de [2] **tartana**—coche de caballos de dos ruedas
[3] **castaños y álamos**—*chestnut trees and poplars*
[4] **moños**—nudos que las mujeres hacen con el pelo
[5] **roscas**—rollos espirales [6] **armó**—causó

seguía siendo un ser extraño, distinto. Las tardes que nos llevaban a «Los Lúpulos» nos vestían incómodamente, casi como en la ciudad, y debíamos jugar a juegos necios y pesados,[7] que no nos divertían en absoluto. Se nos prohibía bajar al río, descalzarnos y subir a los árboles. Todo esto parecía tener una sola explicación 5 para nosotros:

—Bernardino es un niño mimado —nos decíamos. Y no comentábamos nada más.

Bernardino era muy delgado, con la cabeza redonda y rubia. Iba peinado con un flequillo ralo,[8] sobre sus ojos de color pardo, 10 fijos y huecos, como si fueran de cristal. A pesar de vivir en el campo, estaba pálido, y también vestía de un modo un tanto insólito.[9] Era muy callado, y casi siempre tenía un aire entre asombrado y receloso, que resultaba molesto. Acabábamos jugando por nuestra cuenta[10] y prescindiendo de él, a pesar de 15 comprender que eso era bastante incorrecto. Si alguna vez nos lo reprochó el abuelo, mi hermano mayor decía:

—Ese chico mimado... No se puede contar con él.

Verdaderamente no creo que entonces supiéramos bien lo que quería decir estar mimado. En todo caso, no nos atraía, pensando 20 en la vida que llevaba Bernardino. Jamás salía de «Los Lúpulos» como no fuera[11] acompañado por sus hermanas. Acudía a la misa o paseaba con ellas por el campo, siempre muy seriecito y apacible.

Los chicos del pueblo y los de las minas lo tenían atravesado.[12] 25 Un día, Mariano Alborada, el hijo de un capataz, que pescaba con nosotros en el río a las horas de la siesta, nos dijo:

—A ese Bernardino le vamos a armar una.[13]

[7] **necios y pesados**—tontos y aburridos
[8] **flequillo ralo**—cabellos separados que se dejan caer sobre la frente
[9] **insólito**—raro, extraño
[10] **por nuestra cuenta**—solos [11] **como no fuera**—sin ser
[12] **lo tenían atravesado**—le contemplaban con malas intenciones
[13] **le . . . una**—le vamos a hacer algo malo

—¿Qué cosa? —dijo mi hermano, que era el que mejor entendía el lenguaje de los chicos del pueblo.

—Ya veremos — dijo Mariano, sonriendo despacito —. Algo bueno se nos presentará un día, digo yo. Se la vamos a armar. Están ya en eso Lucas Amador, Gracianín y el Buque... ¿Queréis vosotros?

Mi hermano se puso colorado hasta las orejas.

—No sé — dijo —. ¿Qué va a ser?

—Lo que se presente — contestó Mariano, mientras sacudía el agua de sus alpargatas, golpeándolas contra la roca —. Se presentará, ya veréis.

Sí: se presentó. Claro que a nosotros nos cogió desprevenidos,[14] y la verdad es que fuimos bastante cobardes cuando llegó la ocasión. Nosotros no odiamos a Bernardino, pero no queríamos perder la amistad con los de la aldea, entre otras cosas porque hubieran hecho llegar a oídos del abuelo andanzas[15] que no deseábamos que conociera. Por otra parte, las escapadas con los de la aldea eran una de las cosas más atractivas de la vida en las montañas.

Bernardino tenía un perro que se llamaba «Chu». El perro debía de querer mucho a Bernardino, porque siempre le seguía saltando y moviendo su rabito blanco. El nombre de «Chu» venía probablemente de Chucho, pues el abuelo decía que era un perro sin raza y que maldita la gracia que tenía.[16] Sin embargo, nosotros le[17] encontrábamos mil, por lo inteligente y simpático que era. Seguía nuestros juegos con mucho tacto y se hacía querer en seguida.

—Ese Bernardino es un pez[18] — decía mi hermano —. No le da a «Chu» ni una palmada en la cabeza. ¡No sé cómo «Chu» le quiere tanto! Ojalá que «Chu» fuera mío...

A «Chu» le adorábamos todos, y confieso que alguna vez, con mala intención, al salir de «Los Lúpulos» intentamos atraerlo

[14] **desprevenidos**—sin darnos cuenta [15] **andanzas**—actos

[16] **maldita . . . tenía**—no tenía una sola gracia

[17] **le**—en él [18] **pez**—persona sin sentimientos

con pedazos de pastel o terrones de azúcar, por ver si se venía con nosotros. Pero no: en el último momento «Chu» nos dejaba con un palmo de narices,[19] y se volvía saltando hacia su inexpresivo amito, que le esperaba quieto, mirándonos con sus redondos ojos de vidrio amarillo.

—Ese pavo[20]... —decía mi hermano pequeño—. Vaya un pavo ese...

Y, la verdad, a qué negarlo, nos roía la envidia.

Una tarde en que mi abuelo nos llevó a «Los Lúpulos» encontramos a Bernardino raramente inquieto.

—No encuentro a «Chu» —nos dijo—. Se ha perdido, o alguien me lo ha quitado. En toda la mañana y en toda la tarde que no lo encuentro...

—¿Lo saben tus hermanas? —le preguntamos.

—No —dijo Bernardino—. No quiero que se enteren...

Al decir esto último se puso algo colorado. Mi hermano pareció sentirlo mucho más que él.

—Vamos a buscarlo — le dijo —. Vente con nosotros, y ya verás como lo encontraremos.

—¿A dónde? — dijo Bernardino —. Ya he recorrido toda la finca...

—Pues afuera — contestó mi hermano —. Vente por el otro lado del muro y bajaremos al río... Luego, podemos ir hacia el bosque... En fin, buscarlo. ¡En alguna parte estará!

Bernardino dudó un momento. Le estaba terminantemente prohibido atravesar el muro que cercaba «Los Lúpulos», y nunca lo hacía. Sin embargo, movió afirmativamente la cabeza.

Nos escapamos por el lado de la chopera,[21] donde el muro era más bajo. A Bernardino le costó saltarlo, y tuvimos que ayudarle, lo que me pareció que le humillaba un poco, porque era muy orgulloso.

Recorrimos el borde del terraplén[22] y luego bajamos al río. Todo el rato íbamos llamando a «Chu», y Bernardino nos seguía,

[19] **nos . . . narices**—nos desilusionaba [20] **pavo**—tonto
[21] **chopera**—*poplar grove* [22] **terraplén**—espacio de tierra elevada

silbando de cuando en cuando. Pero no lo encontramos.

Ibamos ya a regresar, desolados y silenciosos, cuando nos llamó una voz, desde el caminillo del bosque:

—¡Eh, tropa!...

5 Levantamos la cabeza y vimos a Mariano Alborada. Detrás de él estaban Buque y Gracianín. Todos llevaban juncos[23] en la mano y sonreían de aquel modo suyo, tan especial. Ellos sólo sonreían cuando pensaban algo malo.

Mi hermano dijo:

10 —¿Habéis visto a «Chu»?

Mariano asintió con la cabeza:

—Sí, lo hemos visto. ¿Queréis venir?

Bernardino avanzó, esta vez delante de nosotros. Era extraño: de pronto parecía haber perdido su timidez.

15 —¿Dónde está «Chu»? —dijo. Su voz sonó clara y firme.

Mariano y los otros echaron a correr, con un trotecillo menudo, por el camino. Nosotros le seguimos, también corriendo. Primero que ninguno[24] iba Bernardino.

Efectivamente: ellos tenían a «Chu». Ya a la entrada del 20 bosque vimos el humo de una fogata,[25] y el corazón nos empezó a latir muy fuerte.

Habían atado a «Chu» por las patas traseras y le habían arrollado una cuerda al cuello, con un nudo corredizo.[26] Un escalofrío nos recorrió: ya sabíamos lo que hacían los de la aldea 25 con los perros sarnosos[27] y vagabundos. Bernardino se paró en seco, y «Chu» empezó a aullar, tristemente. Pero sus aullidos no llegaban a «Los Lúpulos». Habían elegido un buen lugar.

—Ahí tienes a «Chu», Bernardino — dijo Mariano —. Le vamos a dar *de veras.*

30 Bernardino seguía quieto, como de piedra. Mi hermano, entonces, avanzó hacia Mariano.

—¡Suelta al perro! — le dijo —. ¡Lo sueltas o...!

[23] **juncos**—*rushes, reeds*
[24] **Primero que ninguno**—En primera posición [25] **fogata**—fuego grande
[26] **nudo corredizo**—*slip knot* [27] **sarnosos**—*itchy, mangy*

—Tú, quieto — dijo Mariano, con el junco levantado como un látigo —. A vosotros no os da vela nadie en esto[28]... ¡Como digáis[29] una palabra voy a contarle a vuestro abuelo lo del huerto de Manuel el Negro!

Mi hermano retrocedió, encarnado. También yo noté un gran sofoco, pero me mordí los labios. Mi hermano pequeño empezó a roerse las uñas.

—Si nos das algo que nos guste — dijo Mariano — te devolvemos a «Chu».

—¿Qué queréis? —dijo Bernardino. Estaba plantado delante, con la cabeza levantada, como sin miedo. Le miramos extrañados. No había temor en su voz.

Mariano y Buque se miraron con malicia.

—Dineros —dijo Buque.

Bernardino contestó:

—No tengo dinero.

Mariano cuchicheó con sus amigos, y se volvió a él:

—Bueno, por cosa que lo valga...

Bernardino estuvo un momento pensativo. Luego se desabrochó[30] la blusa y se desprendió[31] la medalla de oro. Se la dio.

De momento, Mariano y los otros se quedaron como sorprendidos. Le quitaron la medalla y la examinaron.

—¡Esto no! — dijo Mariano —. Luego nos la encuentran y... ¡Eres tú un mal bicho![32] ¿Sabes? ¡Un mal bicho!

De pronto, les vimos furiosos. Sí; se pusieron furiosos y seguían cuchicheando. Yo veía la vena que se le hinchaba en la frente a Mariano Alborada, como cuando su padre le apaleaba por algo.

—No queremos tus dineros — dijo Mariano —. Guárdate tu dinero y todo lo tuyo... ¡Ni eres hombre ni *ná*![33]

Bernardino seguía quieto. Mariano le tiró la medalla a la cara. Le miraba con ojos fijos y brillantes, llenos de cólera. Al fin, dijo:

[28] **A . . . esto.**—No os debe importar esto. [29] **Como digáis**—Si decís
[30] **se desabrochó**—se abrió [31] **se desprendió**—se quitó
[32] **mal bicho**—mala persona [33] **ná**—nada

—Si te dejas dar *de veras* tú, en vez del chucho...

Todos miramos a Bernardino, asustados.

—No... —dijo mi hermano.

Pero Mariano nos gritó:

5 —¡Vosotros a callar, o lo vais a sentir...! ¿Qué os va en esto? ¿Qué os va...?[34]

Fuimos cobardes y nos apiñamos[35] los tres juntos a un roble.[36] Sentí un sudor frío en las palmas de las manos. Pero Bernardino no cambió de cara. («Ese pez...», que decía mi hermano.) Con-
10 testó:

—Está bien. Dadme *de veras*.

Mariano le miró de reojo, y por un momento nos pareció asustado. Pero en seguida dijo:

—¡Hala,[37] Buque...!

15 Se le tiraron encima y le quitaron la blusa. La carne de Bernardino era pálida, amarillenta, y se le marcaban[38] mucho las costillas. Se dejó hacer,[39] quieto y flemático. Buque le sujetó las manos a la espalda, y Mariano dijo:

—Empieza tú, Gracianín...

20 Gracianín tiró el junco al suelo y echó a correr, lo que enfureció más a Mariano. Rabioso, levantó el junco y dio *de veras* a Bernardino, hasta que se cansó.

A cada golpe mis hermanos y yo sentimos una vergüenza mayor. Oíamos los aullidos de «Chu» y veíamos sus ojos, redon-
25 dos como ciruelas, llenos de un fuego dulce y dolorido que nos hacía mucho daño. Bernardino, en cambio, cosa extraña, parecía no sentir el menor dolor. Seguía quieto, zarandeado[40] solamente por los golpes, con su media sonrisa fija y bien educada en la cara. También sus ojos seguían impávidos,[41] indiferentes. («Ese pez»,
30 «Ese pavo», sonaba en mis oídos.)

[34] **¿Qué os va . . . ?**—¿Qué tenéis que ver con esto?
[35] **nos apiñamos**—nos agrupamos [36] **roble**—*oak tree*
[37] **Hala**—Empecemos ya [38] **se le marcaban**—se podían ver
[39] **Se dejó hacer**—Dejó que se lo hicieran
[40] **zarandeado**—agitado [41] **impávidos**—valientes

Cuando brotó la primera gota de sangre Mariano se quedó con el mimbre[42] levantado. Luego vimos que se ponía muy pálido. Buque soltó las manos de Bernardino, que no le ofrecía ninguna resistencia, y se lanzó cuesta abajo, como un rayo.

Mariano miró de frente a Bernardino. 5

—Puerco — le dijo —. Puerco.

Tiró el junco con rabia[43] y se alejó, más aprisa de lo que hubiera deseado.

Bernardino se acercó a «Chu». A pesar de las marcas del junco, que se inflamaban en su espalda, sus brazos y su pecho, 10 parecía inmune, tranquilo, y altivo, como siempre. Lentamente desató a «Chu», que se lanzó a lamerle la cara, con aullidos que partían el alma. Luego, Bernardino nos miró. No olvidaré nunca la transparencia hueca fija en sus ojos de color de miel. Se alejó despacio por el caminillo, seguido de los saltos y los aullidos 15 entusiastas de «Chu». Ni siquiera recogió su medalla. Se iba sosegado y tranquilo, como siempre.

Sólo cuando desapareció nos atrevimos a decir algo. Mi hermano recogió la medalla del suelo, que brillaba contra la tierra.

—Vamos a devolvérsela —dijo. 20

Y aunque deseábamos retardar el momento de verle de nuevo, volvimos a «Los Lúpulos».

Estábamos ya llegando al muro, cuando un ruido nos paró en seco. Mi hermano mayor avanzó hacia los mimbres verdes del río. Le seguimos, procurando[44] no hacer ruido. 25

Echado[45] boca abajo, medio oculto entre los mimbres, Bernardino lloraba desesperadamente, abrazado a su perro.

[42] **mimbre**—*twig* [43] **rabia**—ira, enojo
[44] **procurando**—tratando de [45] **Echado**—Acostado

I. Estudio de palabras

A. SINÓNIMOS

1. *la labranza*—el cultivo
2. *las afueras*—las cercanías, los alrededores
3. *hueco*—vacío, profundo
4. *prescindir de*—omitir, no hacer caso de
5. *acudir a*—venir a, presentarse a
6. *apacible*—pacífico, tranquilo
7. *el capataz*—el jefe
8. *las alpargatas*—las sandalias
9. *enterarse de*—informarse de
10. *recorrer*—andar por
11. *la cólera*—la ira, el enojo
12. *brotar*—aparecer, saltar
13. *altivo*—orgulloso, soberbio
14. *el vidrio*—el cristal
15. *el temor*—el miedo

B. DEFINICIONES

1. *descalzarse*—quitarse los zapatos
2. *receloso*—que tiene miedo
3. *sacudir*—agitar con violencia
4. *roer*—morder fuertemente
5. *la pata*—pie y pierna de los animales
6. *cuchichear*—hablar al oído en voz baja
7. *la miel*—sustancia dulce preparada por las abejas

C. PALABRAS USADAS EN CONTEXTO

1. *mimado:* Los niños mimados son los que reciben demasiada atención de sus padres.
2. *latir:* Mi corazón latía con mucha rapidez al ver el accidente.

3. *los escalofríos:* Cuando sentimos escalofríos, sentimos frío y calor a la vez.
4. *las uñas:* Tenemos las uñas en la punta de los dedos, y tenemos que cortarlas cuando se ponen largas.
5. *el aullido:* Se oían los aullidos del perro enfermo. (aullar)

D. PALABRAS RELACIONADAS

1. trasero (*atrás, detrás*): La parte trasera de la casa es más tranquila que la delantera, donde se oyen los ruidos de la calle.
2. encarnado (*carne*): de color de carne, rojo
3. apalear (*palo*): golpear con un palo
4. la palmada (*palma*): golpe que se da con la palma de la mano

E. MODISMOS

1. *pararse en seco*—detenerse bruscamente: «El automóvil se paró en seco al acercarse a la luz roja.»
2. *mirar de reojo*—mirar con desprecio o por encima del hombro
3. *cuesta abajo*—bajando la cuesta o la montaña: «Es más fácil andar cuesta abajo que cuesta arriba.»

F. NOTAS GRAMATICALES Y ESTILÍSTICAS

1. El tiempo futuro se usa muchas veces para indicar probabilidad en el presente: «En alguna parte estará.» (Debe de estar en alguna parte.)
2. La autora a veces omite algunas palabras que para el lector son sobrentendidas: «En fin, buscarlo.» (En fin, vamos a buscarlo.)
3. La autora se sirve del diminutivo en muchos casos: rabito (rabo); amito (amo); caminillo (camino); trotecillo (trote).

II. Ejercicios

A. Verdad o Mentira: Si la frase está correcta, escriba Vd. «verdad». Si no está bien, escriba la frase de nuevo, corrigiéndola.

1. Bernardino vivía con sus padres y sus tres hermanas mayores.
2. El nombre de la finca en que vivía era «Los Lúpulos».
3. Las hermanas de Bernardino eran jóvenes, felices, y se vestían de moda.
4. A los demás niños les gustaba jugar con Bernardino.
5. Para describir a Bernardino, el narrador y sus hermanos decían «es un niño mimado».
6. Bernardino era un niño serio y apacible.
7. Son los chicos del pueblo los que querían «armarle una» a Bernardino.
8. El narrador y sus hermanos querían a Chu.
9. Antes de perder a su protegido, Bernardino nunca había salido de la finca sin sus hermanas.
10. Los niños del pueblo ofrecían poner en libertad a Chu si Bernardino les daba dinero.
11. Los niños preferían «darle» a Chu y no a Bernardino.
12. Bernardino era un chico gordito y con la carne bien morena.
13. El narrador y sus hermanos le tenían simpatía por fin a Bernardino al verle recibir las heridas.
14. Dejaron de pegar a Bernardino sólo al ver la primera gota de sangre.
15. Al final del cuento, Bernardino mostró algunos sentimientos profundos al llorar a solas con su perro.

B. Escoja la palabra o palabras que completen cada frase.

1. El jefe del grupo de niños que van contra Bernardino es ______.

   a. Mariano Alborada　　*c.* Gracianín

   b. Lucas Amador　　*d.* El Buque

2. Para el narrador, una de las cosas más atractivas de la vida en las montañas eran ______.
   a. las visitas a Los Lúpulos
   b. las escapadas con los de la aldea
   c. las visitas a las ciudades grandes
   d. las visitas a las minas
3. Una tarde Bernardino está inquieto porque no puede encontrar ______.
   a. su medalla de oro
   b. su libro favorito
   c. a sus hermanas
   d. a Chu
4. Bernardino era un chico ______.
   a. amistoso *b.* orgulloso *c.* humilde *d.* asustadizo
5. Los niños del pueblo querían ______.
   a. proteger a Chu
   b. matar a Chu
   c. pegar a Chu
   d. vender a Chu
6. Torturan a Bernardino con ______.
   a. un junco *b.* un palo *c.* unas cuerdas *d.* sus cinturones
7. El insulto más grande de los niños para con Bernardino es ______.
   a. «eres un niño mimado»
   b. «eres un pez»
   c. «eres un pavo»
   d. «¡no eres hombre ni *ná*!»

C. Preguntas sobre el contenido: Conteste Vd. en frases completas.

1. Describa la apariencia y la personalidad de Bernardino. ¿Qué aprendemos acerca de su carácter cuando se encuentra con los chicos de la aldea?
2. ¿Qué representa Bernardino para los demás niños y por qué lo ven así?
3. Describa la vida de Bernardino en Los Lúpulos. ¿Se parece esta vida a la de los demás niños? En su opinión, ¿quién tiene una vida más apropiada para un niño, Bernardino o los demás? ¿Por qué?
4. Después de pegarle a Bernardino, ¿qué le llama Mariano? ¿Por qué se aleja Mariano «más aprisa de lo que hubiera deseado»?
5. Describa la escena que ven Bernardino, el narrador, y sus hermanos al salir de Los Lúpulos y al entrar en el bosque. ¿Cuáles son las reacciones interiores y exteriores de cada uno?

6. ¿Por qué no podían negarse a tomar parte en las acciones de los niños del pueblo el narrador y sus hermanos? ¿Querían verdaderamente participar? ¿Participaron o sólo fueron espectadores? ¿Qué les pareció Bernardino durante y después de esta escena brutal?
7. ¿Por qué sienten miedo, sofocos y vergüenza los hermanos desde el momento de acercarse al grupo de niños? ¿Cómo reaccionaría Vd. en semejantes circunstancias?
8. Describa a Bernardino después de recibir los golpes. ¿Qué le importa más en estos momentos?
9. Describa a Chu físicamente y describa sus relaciones con Bernardino y sus relaciones con los demás niños del cuento.

D. Vocabulario: Complete Vd. la frase con una palabra sacada del «Estudio de palabras».

1. En el verano nos gusta llevar ______ en vez de zapatos.
2. Tomamos un asiento ______ del autobús.
3. Tuve que ______ el sombrero para quitar la nieve.
4. Los niños estaban llenos de ______ al ver al perro grande.
5. En la primavera las flores empiezan a ______.
6. El perrito le dio la ______ al niño.
7. Todos los trabajadores tienen que obedecer al ______ de la obra.
8. Vivimos en las ______ de la ciudad.
9. Nos gusta comer el pan con ______.
10. Juanito y su hermano reciben todo lo que piden a sus padres. Son muy ______.
11. El enfermo tenía una fiebre y sentía ______.
12. Para llegar al pueblo, tuvimos que caminar ______.
13. Teníamos que ______ para que no oyeran los demás.
14. Mi madre se llenó de ______ al ver que habíamos roto la lámpara.

E. Temas de presentación oral en la clase

1. En los dos cuentos leídos de Ana María Matute, hemos visto la crueldad de unos niños para con otros. ¿Cómo la hemos visto? Dé

ejemplos sacados de los cuentos. ¿Es verdad que los niños son tan crueles unos con otros? Justifique la respuesta.

2. Al ver a Chu atado, Bernardino no tenía que reaccionar del modo en que reaccionó. ¿Qué otra cosa pudiera haber hecho? ¿Habría tenido el cuento la misma fuerza del sentimiento de tristeza si hubiesen pegado a Chu como iban a hacer al principio?
3. ¿Por qué se titula «Bernardino» este cuento? ¿Qué nos dice del contenido y en qué nos fija la atención? Es el título importante en el estudio de un cuento, o es que no importa el título de un cuento? ¿Por qué?

F. Resumen: Escriba Vd. un párrafo de unas quince frases en que Vd. resume las ideas y los sentimientos más importantes de este cuento. Dé ejemplos de éstos del cuento.

G. Temas de composición libre

1. ¿Cuál es la actitud de cada personaje para con Bernardino? ¿Cuál es la actitud de la autora para con él? ¿Es un niño normal? Justifique la respuesta con citas del cuento.
2. ¿Tiene Bernardino una atracción para los chicos del pueblo? ¿Tiene una atracción para el narrador y sus hermanos? ¿Tiene una atracción para nosotros, los lectores? ¿Cuál es esta atracción y por qué atrae? Dé ejemplos sacados del cuento y de la vida.
3. ¿Cómo refleja cada niño el ambiente en que vive? ¿Es normal que una persona refleje su ambiente en su personalidad? ¿Cómo refleja Vd. el ambiente en que vive?
4. Compare los dos cuentos leídos de Ana María Matute. ¿Cuál le gustó más y por qué? Al comparar los cuentos hable de:

   a. los personajes principales
   b. las descripciones
   c. el estilo de la autora
   d. la crueldad de los jóvenes
   e. lo que nos dice cada cuento acerca de la juventud

Ignacio Aldecoa

Ignacio Aldecoa, cuentista y novelista, nació en Vitoria el 24 de julio de 1925. Fue un escritor realista. El afirmó que había una cierta «realidad española» que nadie había tocado todavía en la literatura española, y que era su deber como escritor verla tal y como era—y describirla en sus obras. El tema de ellas es el hombre pobre, el obrero español. Lo pinta como individuo. Es un hombre solo entre todos los hombres solos del mundo. Los protagonistas de Aldecoa suelen ser seres humildes que luchan desesperadamente para ganarse la comida diaria en un mundo hostil a sus necesidades y a sus esperanzas más profundas. Se nos presenta a estos seres más bien por medio de diálogos naturales suyos que por medio de descripciones narrativas. Aldecoa muestra un dominio extraordinario de la lengua, tanto en estos diálogos como en sus descripciones. En efecto, estos diálogos revelan uno de los talentos más fuertes de Aldecoa.

Los cuentos de Aldecoa nos muestran su simpatía profunda para con sus personajes oprimidos, quienes alcanzan a expresar un fondo bueno y tierno a pesar de su lucha tremenda para vivir en un mundo durísimo.

«Hasta que llegan las doce» nos habla de una mañana típica en la vida de una familia trabajadora de España. El padre ya se ha marchado al trabajo, y la madre tiene que cuidar la casa, cuidar a los niños y cuidarse a sí misma—a la vez que tiene que ayudar al padre en su lucha para ganar la vida. Vemos a los niños y la vida de cada uno de ellos. Los niños viven en el mundo de los mayores pero también en su propio mundo infantil dentro del otro más grande que les rodea. Vemos sus diversiones sencillas y sus sufrimientos en un barrio bajo de la ciudad. En fin, vemos el mundo diario de cada miembro de una familia típica de su clase que está esperando el mediodía, la vuelta del padre de su trabajo, y la comida escasa del viernes. También vemos la llegada de la desgracia inesperada que complicará seguramente aun más la vida ya complicada de esta familia.

Hasta que llegan las doce

A las doce menos cuarto del mediodía de ayer se derrumbó una casa en construcción. (De los periódicos.)

Hacía daño respirar. Las sirenas de las fábricas se clavaban en el costado blanco de la mañana.[1] Pasaron hacia los vertederos[2] los carros de la basura. Pedro Sánchez se sopló los dedos.

Despertó Antonia Puerto; lloraba el pequeño. Antonia abrió 5 la ventana un poquito y entró el frío como un pájaro, dando vueltas a la habitación. Tosió el pequeño. Antonia cerró y el frío se fue haciendo chiquito, hasta desaparecer. También se despertó Juan, con ojos de liebre[3] asustada; dio una vuelta en la cama y desveló[4] a su hermano mayor.

10 Antonia cerró la ventana. La habitación olía pesadamente. Pasó los dedos, con las yemas[5] duras, por el cristal con postillas de hielo. Tenía un sabor agrio en la boca que le producía una muela careada. Miró la calle, con los charcos helados y los montones de grava duros e hilvanados de escarcha.[6] Oyó a su hijo pequeño 15 llorar. Pedro se había marchado al trabajo. Llevaban diez años casados. Un hijo; cada dos años, un hijo. El primero nació muerto y ya no lo recordaba; no tenía tiempo. Después llegaron Luis, Juan, y el pequeño. Para el verano esperaba otro. Pedro trabajaba en la construcción; tuvo mejor trabajo, pero ya se sabe: 20 las cosas... No ganaba mucho y había que ayudarse. Para eso estaba ella, además de para renegar[7] y poner orden en la casa. Antonia hacía camisas del Ejército.

[1] **en . . . mañana**—muy temprano por la mañana
[2] **vertederos**—sitios adonde se trae la basura
[3] **liebre**—animal parecido al conejo, de orejas largas
[4] **desveló**—despertó [5] **yemas**—puntas de los dedos
[6] **hilvanados de escarcha**—*frost-outlined* [7] **renegar**—maldecir

El pequeño lloraba y despertó a sus hermanos. Luis, el mayor, saltó de la cama en camisa y apresuradamente se puso los pantalones. Juan se quedó jugando con las rodillas a hacer montañas y organizar cataclismos.

La orografía[8] de las mantas le hacía soñar; inventaba paisajes, imaginaba ríos en los que pudiera pescar, piedra a piedra, por supuesto, cangrejos. Cangrejos y arroz, porque esto era lo mejor de las excursiones domingueras del verano.

Luis ya se había lavado y el pequeño no lloraba. Entró una vecina a pedir un poco de leche — en su casa se cortó inexplicablemente —. Antonia se la dio. La vecina, con un brazo cruzado sobre el pecho y con el otro recogido, sosteniendo un cazo abollado,[9] comenzó a hablar. A Juan le llegaban las voces muy confusas. La vecina decía:

—Los chicos, al nacer, tienen los huesos así... Después tienen que crecer por los dos lados para que vuelvan a su ser... Si crecen sólo por uno...

—¡Juan!

La voz de la madre le sobresaltó.[10] Todavía intentó soñar.

—Ya voy.

—Levántate o te ganas una tunda.[11]

Juan no tuvo más remedio: se levantó. La habitación estaba pegada a[12] la cocina. En la habitación se estaba bien, pero luego de haber ido a la cocina no se podía volver: se comenzaba a tiritar.

Juan cogió el orinal. La voz de la madre le llegó con una nueva amenaza.

—Cochino. Vete al *water*.

No quería ir al retrete porque hacía mucho frío, pero fue; el retrete estaba en el patio. Al volver se había marchado la vecina. La madre le agarró del pescuezo y le arrastró a la fregadera:[13]

—¡A ver cuándo aprendes a lavarte solo!

[8] **orografía**—geografía con respecto a las montañas
[9] **cazo abollado**—*dented ladle* [10] **sobresaltó**—asustó
[11] **tunda**—paliza, serie de golpes [12] **pegada a**—junto a
[13] **fregadera (fregadero)**—sitio donde se lavan los platos en la cocina

Por fin desayunó.

Con la tripa caliente salió al patio. Sus amigos estaban jugando con unas escobas a barrenderos de jardines. Trazaban medios círculos y se acompañaban con onomatopeyas. Estuvo un rato mirándoles con las manos en los bolsillos. Estuvo mirándoles con desprecio. Se puso un momento a la pata coja[14] para rascarse un tobillo. Sin embargo, no sacó la mano izquierda del pantalón. A poco bajó su hermano Luis a un recado. Decidió acompañarle.

Daba gusto subir a los montones de grava. Pararse a mirar un charco y romper el hielo con el tacón. Recoger una caja de cerillas vacía o un simple, triste y húmedo papel.

Antonia trabajaba junto a la ventana sentada en una silla ancha y pequeña. La luz del patio es amarga; es una luz prisionera, una luz que hace bajar mucho la cabeza para coser. En el fogón[15] una olla tiembla. Antonia deja la camisa sobre las rodillas y abulta[16] la mejilla con la lengua, tanteando[17] la muela. Hasta las diez no vuelven los chiquillos, porque se han entretenido o tal vez porque prefieren el frío de la calle al encierro de la casa. Antonia les insulta con voz áspera y tierna. Luis está convicto de su falta. Juan saca los labios bembones.[18]

—Y tú no te hagas el sueco,[19] Juan. No seas cínico.

Luego Antonia comienza un monólogo — siempre el mismo — que la descansa. Los chicos están parados observando a su madre, hasta que los larga[20] a la calle.

—Podéis iros, aquí no pintáis nada.

Juan camina lentamente hacia la puerta; la entreabre.[21] Está a punto de saltar a la libertad cuando la madre le llama:

—No corras mucho; puedes sudar y enfriarte, y, ¡ya sabes!, al hospital, porque aquí no queremos enfermos.

Las dos amenazas que usa, sin resultado alguno, con sus hijos,

[14] **a . . . coja**—con un pie en el aire [15] **fogón**—fuego de la cocina
[16] **abulta**—amplía, hace más grande [17] **tanteando**—tocando, explorando
[18] **bembones**—muy gruesos y grandes [19] **no . . . sueco**—no finjas no oír
[20] **larga**—despide, echa [21] **la entreabre**—la deja medio abierta

son el hospital y el hospicio.[22] Cuando no los conmueve a primera vista echa mano del padre:

—Se lo diré a tu padre; él te arreglará... Cuando vuelva, tu padre te ajustará las cuentas... Si lo vuelves a hacer, ya verás a las doce la que te espera. 5

Juan siente escalofríos por la espalda cuando le amenazan con su padre. Llegará cansado y si le pega le pegará aburrida y serenamente. Está seguro que le pegará sin darle importancia. No como la madre, que lo hace a conciencia y entre gritos.

Un rayo de sol dora las fachadas, ahora que la niebla alta se 10 ha despejado. Los gorriones[23] se hinchan como los papos de un niño reteniendo el aire. Un perro se estira al sol con la lengua fuera. El caballo de la tartana[24] del lechero pega con los cascos[25] en el suelo y mueve las orejas. La mañana bosteza de felicidad.

Juan se mete en un solar a vagabundear. Silba y tira piedras. 15 Los cristales de la casa de enfrente son de un color sanguinolento, tal que el agua cuando se lava las narices ensangrentadas por haberse hurgado mucho. Las paredes de la casa contigua al solar son grises, como cuando se pone la huella del dedo untado de saliva en el tabique[26] blanqueado. Juan sí que sabe buscar caras de 20 payasos en las manchas de las paredes. Recuerda algún catarro en el que el único entretenimiento eran las caras de la pared.

Antonia se asoma y grita:

—Juan, sube.

—Ya voy, madre. 25

Pero Juan, el soñador Juan, se retrasa buscando no sabe qué por el solar.

Al fin alcanza el portal y sube. La madre, sencillamente, dice:

—Coge eso y llévalo al tendero. Ya pasaré yo.[27] En cuanto a lo que hagas, puedes seguir; no te voy a decir nada. 30

[22] **hospicio**—asilo para niños pobres y huérfanos (sin padres)
[23] **gorriones**—*sparrows* [24] **tartana**—coche de caballos de dos ruedas
[25] **cascos**—*hoofs* [26] **tabique**—pared delgada
[27] **Ya pasaré yo.**—Iré a la tienda después.

La madre ensaya un bello gesto de ironía:

—Hasta que lleguen las doce te queda tiempo; puedes hacer lo que quieras.

Luis está sentado con el hermano pequeño en brazos. Luis
5 sonríe porque siente que están premiando su virtud. Juan se asusta. Hace muchos días que no le decían esto. Sí, ahora Juan puede hacer lo que quiera, pero por muy poco tiempo: una hora, hora y cuarto todo lo más, si el padre se para a tomar un vaso[28] con sus amigos. Pero le parece difícil;[29] es viernes, y los viernes ni
10 hay vino para su padre ni mucha comida para ellos. Ha tenido mala suerte. Juan no entiende de reloj. Cuando llega a la tienda con el capazo[30] de su madre, pregunta al dueño:

—Por favor, ¿me dice qué hora es?

—Las once y diez, chico.

15 —Mi madre, que luego pasará.

—Bien, chico. Toma unas almendras.

El tendero es bueno y da almendras a los hijos de sus clientes. Juan balbucea las gracias y sale. Hoy no le interesan mucho las almendras. Las mete en un bolsillo y se dedica a ronzar[31] una,
20 mientras cavila[32] en lo pronto que llegarán las doce.

Juan se sienta en el umbral de su casa a meditar lo que puede hacer. Puede hacer: volver al solar a buscar; subir a casa y pedir perdón; llegarse hasta la esquina y ver cómo trabajan unos hombres haciendo una zanja;[33] subir a casa y acurrucarse en un
25 rincón a esperar; entretenerse en el patio y dar voces para que su madre lo sienta cerca y juzgue que es bueno. Sí; esto último es lo que tiene que hacer.

En el patio juegan con un cajón los que antes jugaban a barrenderos.

30 Juan se les queda mirando con un gesto de súplica en los ojos. Uno de ellos, sudoroso, jadeante, se vuelve a él y le pregunta:

—¿Quieres jugar?

[28] **un vaso**—una bebida [29] **le parece difícil**—no le parece probable
[30] **capazo**—bolso, cesta [31] **ronzar**—masticar con ruido
[32] **cavila**—piensa [33] **zanja**—excavación larga en la tierra

—Bueno.

Juan reparte las almendras generosamente. Antonia Puerto sigue cosiendo. De vez en cuando se levanta a atender la cocina. La olla continúa temblando y gimiendo. Indefectiblemente, al quitarle la tapa se quema los dedos. Tiene que cogerla con el delantal. Luis le ayuda; el pequeño balbucea. De abajo le llegan las voces de Juan; enternecida, se asoma a la ventana.

Juan se vuelve en aquel momento y sorprende a su madre. A las doce menos cuarto Juan ha ganado.

Una vecina entra de la calle y cruza el patio con rapidez. Al ver a Juan le pregunta:

—¿Está tu madre?

El chico asiente con la cabeza y echa[34] tras de ella. Cuando llegan a su piso la vecina llama con los nudillos, nerviosa, rápida, telegráficamente. Es como un extraño SOS. Esta llamada de timbre, de nudillos, de aldaba, que hace a los habitantes de una casa salir velozmente con el corazón en un puño. Aparece Antonia Puerto.

—¿Qué ha pasado, Carmen?

—Ahora te lo digo. Pasa, Juan. Que tienes que ir al teléfono. Te llama el capataz de la obra. A tu Pedro le ha pasado algo.

Quitándose el delantal, Antonia se abalanza escaleras abajo.

—Cuídate de esos.

—No te preocupes.

Juan lo ha oído todo y empieza a llorar ruidosamente. Luis, asustado, le imita. La vecina coge al pequeño en brazos e intenta calmarlos. La vecina ha cerrado la puerta.

Antonia entra en la tienda donde está el único teléfono de la calle. No acierta a hablar:

—Sí..., yo... ¿Ha sido mucho?... Ahora mismo.

El sol entra por el escaparate reflejando el rojo color de un queso de bola[35] sobre el mármol del mostrador.

Las sirenas de las fábricas se levantan al cielo puro, transparente del mediodía. Han llegado las doce.

[34] **echa**—corre [35] **queso de bola**—edam (queso típico de Holanda)

I. Estudio de palabras

A. SINÓNIMOS

1. *apresuradamente*—aprisa, rápidamente
2. *el retrete*—el excusado, el water (closet), el cuarto de baño
3. *intentar*—tratar de
4. *agarrar*—coger
5. *la cerilla*—el fósforo
6. *entretenerse*—divertirse
7. *el catarro*—el resfriado
8. *repartir*—dividir
9. *acertar a*—lograr

B. DEFINICIONES

1. *soplar*—emitir aire con la boca
2. *tiritar*—temblar de frío
3. *arrastrar*—llevar una cosa o una persona por el suelo
4. *el desprecio*—la falta de estimación que uno siente por otro
5. *pegar*—dar golpes a uno
6. *la fachada*—la parte exterior de un edificio (frente)
7. *hinchar*—aumentar el volumen de un cuerpo
8. *el solar*—terreno donde se ha de construir un edificio
9. *balbucear (balbucir)*—articular o hablar con dificultad
10. *el umbral*—la parte inferior de la puerta (entre la calle y la casa)
11. *el delantal*—prenda de vestir que usa la mujer en la cocina para preservar su vestido

C. PALABRAS USADAS EN CONTEXTO

1. *la basura:* Esta parte de la comida no está buena; hay que echarla a la basura.
2. *el sabor:* Me gustan los helados de chocolate porque tienen buen sabor.
3. *agrio:* El limón tiene un sabor agrio (ácido).

4. *cojo:* Ese hombre no puede andar bien porque es cojo.
5. *el recado:* Mandé a mi hijo a recado: tenía que comprarme unas cosas en el mercado.
6. *la olla:* Mi mamá puso todos los ingredientes en una olla grande para cocinarlos.
7. *conmover:* La película triste nos conmovió tanto que nos echamos a llorar.
8. *los escalofríos:* Cuando sentimos escalofríos, sentimos calor y frío al mismo tiempo.
9. *la huella:* Las huellas de los caballos eran bien evidentes en la arena.
10. *jadeante:* La persona jadeante respira con mucha dificultad.
11. *quemarse:* Si te acercas al fuego, vas a quemarte.
12. *el escaparate:* En el escaparate de la tienda vi un traje que me gustó, y entré a comprarlo.

D. PALABRAS RELACIONADAS

1. el encierro (*cerrar*): acción de encerrar (meter) a una persona o una cosa en un sitio de donde no puede salir
2. dorar (*oro*): cubrir de oro
3. ensangrentado (*sangre*): manchado o cubierto de sangre
   sanguinolento: de color de sangre
4. retrasarse (*tras, atrás, trasero*): quedarse atrás
5. el portal (*puerta*): vestíbulo de una casa
6. el tendero (*tienda*): el dueño de la tienda
7. premiar (*premio*): dar como premio

E. MODISMOS

1. *dar vueltas*—andar o moverse alrededor de algo
2. *llevar . . . años*—«Llevo tres años aquí.» (= «Hace tres años que estoy aquí.»)
3. *estar a punto de*—estar para
4. *asomarse a*—aparecer por: «El niño se asomó a la ventana.» (= «El niño apareció (sacó la cabeza) por la ventana.»)

II. Ejercicios

A. Verdad o Mentira: Si la frase está correcta, escriba Vd. «verdad». Si no está bien, escriba la frase de nuevo, corrigiéndola.

1. Hay calefacción por toda la casa de los Sánchez.
2. El cuento tiene lugar en la parte elegante de la ciudad.
3. Una vecina le pidió leche a Antonia porque la suya se había cortado.
4. La vecina es una mujer con buenos conocimientos científicos con respecto a los niños.
5. Antonia tiene que lavarle a Juan por la mañana.
6. Cuando la madre regaña a sus hijos, no lo hace con malicia sino con cariño.
7. Todas las casas de la vecindad tienen las paredes blanquísimas.
8. Juan sabe usar un reloj.
9. El tendero les da almendras a los niños del barrio.

B. Escoja la palabra o palabras que completen cada frase.

1. Al comienzo del cuento, ______.
   a. es mediodía   *b.* es medianoche   *c.* es tarde   *d.* es muy temprano por la mañana
2. En diez años de matrimonio, Antonia ya ha dado a luz a ______ niños.
   a. dos   *b.* tres   *c.* cuatro   *d.* cinco
3. Pedro Sánchez trabaja en ______.
   a. una fábrica   *b.* una oficina   *c.* la diputación   *d.* la construcción
4. Cerca de la ventana la madre ______.
   a. cosía   *b.* leía   *c.* miraba a sus hijos   *d.* soñaba
5. Antonia sufre de ______.
   a. un resfriado   *b.* una muela careada   *c.* una tos   *d.* su embarazo

6. Al salir de casa, Juan va _______ para divertirse.
   a. al parque
   b. a la calle
   c. a un solar
   d. a casa de un amigo
7. Al cocinar, Antonia tiene que llevar _______.
   a. ropa ligera
   b. ropa pesada
   c. guantes para cocinar
   d. un delantal
8. El único teléfono de la calle está _______.
   a. en casa de Carmen
   b. en casa de Antonia
   c. en casa del dueño del edificio
   d. en la tienda
9. Al empezar a llorar Juan, asustado al final, muestra que _______.
   a. presiente una desgracia
   b. quiere causar más problemas
   c. es un niño que no sabe portarse bien
   d. es un niño mimado

C. **Preguntas sobre el contenido:** Conteste Vd. en frases completas.

1. Además de cuidar la casa, ¿cuál es el trabajo de Antonia Puerto? ¿Por qué lo tiene?
2. ¿Cuál es lo mejor de las excursiones del domingo para Juan? ¿Por qué le gusta tanto?
3. ¿A dónde le manda la madre a Juan al levantarse él? ¿Por qué no quiere él irse?
4. ¿Cuál de los hijos parece ser el favorito de la madre? ¿Por qué?
5. Al bajar al patio, Juan estuvo mirando a sus amigos «con desprecio». ¿Por qué?
6. Para Juan, ¿qué representa el salir a la calle?
7. ¿Cuáles son las tres amenazas de Antonia para con sus hijos? ¿Cuál le asusta más a Juan y por qué?
8. ¿Cómo se contrasta el castigo del padre con el de la madre?
9. Cuando la madre les dice a sus hijos que pueden salir, el autor describe el ambiente así: «La mañana bosteza de felicidad». ¿Por qué lo dice así?
10. ¿Qué significa la madre cuando con un gesto de ironía le dice a Juan: «En cuanto a lo que hagas, puedes seguir; no te voy a decir nada»?
11. ¿Cómo se divierte Luis? ¿Qué nos dice de su personalidad?

12. ¿Qué significa para esta familia el hecho de que es viernes?
13. Al subir al piso de los Sánchez la vecina llama de un modo especial a la puerta. Describa su modo de llamar y el significado que esta llamada tiene.
14. ¿Cuál es la relación entre la cita al principio del cuento y el cuento mismo?
15. ¿Qué cree Vd. que le digan a la madre por teléfono?

D. Vocabulario: Complete Vd. la frase con una palabra sacada del «Estudio de palabras».

1. Los ladrones iban a ______ el dinero que habían robado.
2. Mi papá ha comprado un ______ donde quiere construir una casa.
3. Déme una ______ para encender mi cigarrillo.
4. Esa bebida está ______; hay que ponerle azúcar.
5. El niño llegó a casa ______ porque había estado corriendo.
6. Vas a coger un ______ si no te pones el abrigo.
7. A mi esposa le gusta mirar en los ______ antes de entrar en las tiendas.
8. En los barrios pobres de la ciudad se ve mucha ______ por las calles.
9. El niño va a ______ con sus juguetes nuevos.
10. Mamá se puso un ______ para no ensuciarse el vestido.
11. Yo siento mucho ______ por las personas perezosas.
12. Están pintando la ______ de nuestra casa.
13. Al salir de mi casa, me encontré con Laura en el ______.
14. Hacía tanto frío que estábamos ______.
15. Por su magnífico trabajo le ______ una medalla.

E. El autor menciona más de veinte partes del cuerpo en el cuento. Búsquelas Vd. e indique a quién se atribuye cada parte.

F. El autor cambia su uso del tiempo del verbo, es decir, del pasado al presente, en el mismo párrafo. ¿En qué parte del cuento lo hace? Compare la parte escrita en el pasado y la parte escrita en el presente desde el punto de vista de la rapidez y la viveza de la acción. ¿Cuál de las partes es más real para el lector y por qué? Si Vd. fuera a escribir todo el cuento en el tiempo pasado, ¿cómo sería distinto en cuanto al interés para el lector? Justifique la respuesta; por ejemplo, al cambiar uno de los párrafos.

G. Temas de presentación oral en la clase

1. Explique Vd. el significado del título. ¿Cuáles son sus relaciones con el cuento? En efecto, ¿qué pasa al llegar las doce?
2. Ignacio Aldecoa es un maestro en la creación del diálogo. ¿Cómo reflejan los diálogos de este cuento a los personajes?
3. ¿Cuál es el papel que hacen las vecinas en este cuento? ¿Cómo añaden a la realidad pintada por el autor?
4. Contraste a los dos hermanos. ¿Cuál de los dos le parece más real? ¿Por qué?

H. Resumen

Escriba Vd. un resumen de este cuento de por lo menos quince frases. Incluya una descripción de la vida diaria de una familia trabajadora española. Compare esta vida diaria con la de una familia trabajadora americana.

I. Temas de composición libre

1. El tema de la realidad y la fantasía aparece en este cuento, sobre todo en la persona de Juan. ¿Cómo? ¿Es soñador o realista este niño? Dé ejemplos específicos. ¿Cómo se contrasta él con las otras personas de su barrio?
2. Ignacio Aldecoa y Ana María Matute nacieron alrededor del mismo año, crecieron dentro de las mismas circunstancias de vida y de la guerra civil, fueron amigos y son miembros de la misma generación literaria. Compare a los niños de cada uno de los tres cuentos.
3. Cuando Juan sale de la tienda adonde le ha mandado su madre, piensa en lo que puede hacer para evitar el castigo. ¿Cuáles son las alternativas que tiene? ¿Qué decide hacer? ¿Logra así lo que desea?

4. ¿Cómo se relacionan las primeras líneas del cuento con las últimas? ¿Qué añade a la unidad del cuento la repetición de palabras y sucesos? ¿Por qué?
5. ¿Cuáles son las relaciones entre los personajes y la escena, o sea, entre los personajes y el mundo en que viven?

Camilo José Cela

Camilo José Cela nació en Galicia el once de mayo de 1916. En todas sus obras la preocupación es por lo social. El retrata la vida tal y como la ve, y si hay tristeza y pesimismo en sus obras, es porque los hay en la vida misma. Cela ha dicho que ni la vida es buena ni el hombre es bueno. Según Cela, existe el sufrimiento y no existe la caridad, y es el deber del autor reflejar el mundo real en sus obras y no crear fantasías sobre la vida del hombre. Observa lo que hay alrededor de él y lo describe con su fealdad.

En cuanto al estilo, Cela es un maestro del lenguaje. Cree firmemente que el autor debe estar consciente de la lengua. Cela ha expresado su admiración por los grandes escritores realistas del siglo XIX. El también usa del realismo en sus obras. Es importante notar que no le interesa tanto el argumento de sus obras como le interesan sus personajes. Y éstos suelen ser personas ordinarias cuyos problemas son los de la vida diaria. Cela usa del habla popular, de los dichos del pueblo, y de los matices más pequeños para diferenciar la manera de hablar de cada personaje. Por esto se ha dicho que su expresión es natural y espontánea. Sin embargo, su prosa ha sido constantemente tachada y escrita de nuevo para que cada palabra signifique exactamente lo que él quiere. Cada palabra tiene su función bien marcada en la totalidad de la obra, y cada parte de esta obra tiene su función en la representación de la vida española actual.

Aquí presentamos un cuento muy corto de Cela, «Jacinto Contreras recibe su paga extraordinaria». Se trata de un hombre de la clase media inferior de Madrid, quien trabaja para el gobierno, y su alegría al recibir su paga extraordinaria. ¿Por qué se siente él tan contento? Durante todo el año apenas gana lo suficiente para vivir, y como ocurre con muchas familias de este nivel, vive más de lo fiado que de lo poseído. Ahora que tiene un poco más, puede comer un poco mejor, puede comprar algunas necesidades y pagarlo todo al momento.

En este cuento, además de mostrarnos las reacciones de la familia ante el dinero, vemos al protagonista como amigo y como marido. Vemos lo bueno de su personalidad dentro del mundo en que vive. Y ¿cómo es este mundo? Es el Madrid de las clases trabajadoras, de la diversión en el bar, del gozo de «tomar algo» con un amigo; es el mundo del frío que hace en la calle en invierno y de los empujones en el metro lleno de gente. Es el mundo del cariño profundo entre marido y mujer; en su inocencia, ella le da un nombre que no comprende totalmente pero que tiene algún significado para ellos. Y es el mundo de los sueños del trabajador, destrozados por la realidad cruel.

El estilo del cuento es básicamente el de diálogos cortos, de palabras y expresiones populares, de descripciones cortas de los alrededores, y de monólogos interiores por parte de Jacinto Contreras. Todo es sencillo y natural y representa al madrileño de cualquier nombre que pasa una tarde como Jacinto Contreras pasa la suya.

Jacinto Contreras recibe su paga extraordinaria

Sentimental fabulilla de navidad

A Jacinto Contreras, en la Diputación, le habían dado la paga extraordinaria de Navidad. A pesar de que la esperaba, Jacinto Contreras se puso muy contento. Mil doscientas pesetas, aunque sean con descuento, a nadie le vienen mal.

—Firme usted aquí. 5

—Sí, señor.

Jacinto Contreras, con sus cuartos[1] en el bolsillo, estaba más contento que unas pascuas. ¡Qué alegría se iba a llevar la Benjamina, su señora, que la pobre era tan buena y tan hacendosa! Jacinto Contreras, mientras caminaba, iba echando sus cuentas: 10 tanto para unas medias para la Benjamina, que la pobre tiene que decir que no tiene frío; tanto para unas botas para Jacintín, para que sus compañeros de colegio no le pregunten si no se moja; tanto para una camiseta de abrigo para él, a ver si así deja de toser ya de una vez (las zapatillas ya se las comprará más adelante); 15 tanto para un besugo[2] (gastarse las pesetas en un pavo, a como están, sería una insensatez sin sentido común), tanto para turrón,[3] tanto para mazapán,[4] tanto para esto, tanto para lo otro, tanto para lo de más allá, y aún sobraba dinero. Esto de las pagas extraordinarias está muy bien inventado,[5] es algo que está pero 20 que muy bien inventado.

[1] **cuartos**—monedas [2] **besugo**—*red porgy*
[3-4] **turrón** y **mazapán**—dulces hechos con almendras
[5] **inventado**—creado por el hombre

—¿Usted qué piensa de las pagas extraordinarias?

—¡Hombre, qué voy a pensar! ¡A mí esto de las pagas extraordinarias es algo que me parece que está la mar de[6] bien inventado!

5 —Sí, eso mismo pienso yo.

Jacinto Contreras, para celebrar lo de la paga extraordinaria —algo que no puede festejarse a diario—, se metió en un bar y se tomó un vermú. Jacinto Contreras hacía ya más de un mes que no se tomaba un vermú.

10 —¿Unas gambas a la plancha?

—No, gracias, déjelo usted.[7]

A Jacinto Contreras le hubiera gustado tomarse unas gambas a la plancha, olerlas a ver si estaban frescas, pelarlas parsimoniosamente, cogerlas de la cola y, ¡zas!, a la boca, masticarlas despacio, 15 tragarlas entornando los ojos...

—No, no, déjelo...

El chico del mostrador se le volvió.

—¿Decía algo, caballero?

—No, no, nada..., muchas gracias..., ¡je, je!..., hablaba solo, 20 ¿sabe usted?

—¡Ah, ya!

Jacinto Contreras sonrió.

—¿Qué le debo?

En la calle hacía frío y caía un aguanieve[8] molesto y azotador. 25 Por la Navidad suele hacer siempre frío, es la costumbre. Jacinto Contreras, en la calle, se encontró con su paisano Jenaro Viejo Totana, que trabajaba en la Fiscalía de Tasas. Jenaro Viejo Totana estaba muy contento porque había cobrado su paga extraordinaria.

30 —¡Hombre, qué casualidad! Yo también acabo de cobrarla.

Jenaro Viejo y Jacinto Contreras se metieron en un bar a celebrarlo. Jacinto Contreras, al principio, opuso cierta cautelosa

[6] **la mar de**—extremadamente [7] **déjelo usted**—olvídelo (no lo quiero)
[8] **aguanieve**—lluvia mezclada con nieve

resistencia, tampoco muy convencida.

—Yo tengo algo de prisa... Además, la verdad es que yo ya me tomé un vermú...

—¡Venga, hombre! Porque te tomes[9] otro no pasa nada.

—Bueno, si te empeñas.

Jenaro Viejo y Jacinto Contreras se metieron en un bar y pidieron un vermú cada uno.

—¿Unas gambas a la plancha?

—No, no, déjelo usted.

Jenaro Viejo era más gastador que Jacinto Contreras; Jenaro Viejo estaba soltero y sin compromiso y podía permitirse ciertos lujos.

—Sí, hombre, sí. ¡Un día es un día! ¡Oiga, ponga usted un par de raciones de gambas a la plancha!

El camarero se volvió hacia la cocina y se puso una mano en la oreja para gritar.

—¡Marchen, gambas plancha, dos!

Cuando llegó el momento de pagar, Jenaro Viejo dejó que Jacinto Contreras se retratase.[10]

—Y ahora va la mía. ¡Chico, otra ronda de lo mismo!

—¡Va en seguida!

Al salir a la calle, Jacinto Contreras se despidió de Jenaro Viejo y se metió en el metro, que iba[11] lleno de gente. En el metro no se pasa frío, lo malo es al salir. Jacinto Contreras miró para la gente del metro, que era muy rara e iba como triste; se conoce que no habían cobrado la paga extraordinaria; sin cuartos en el bolsillo no hay quien esté alegre.

—Perdone.

—Está usted perdonado.[12]

Al llegar a su casa, Jacinto Contreras no sacó el llavín: pre-

[9] **Porque te tomes**—Si tomas

[10] **dejó . . . retratase**—no dejó que Jacinto pagase

[11] **iba**—estaba

[12] **—Perdone. — . . . perdonado.**—Esta escena en el metro tiene consecuencias graves para Jacinto. Véase el final del cuento.

firió tocar «una copita de ojén» en el timbre[13]. A Jacinto Contreras salió a abrirle la puerta su señora, la Benjamina Gutiérrez, natural de Daimiel, que la pobre era tan buena y tan hacendosa y nunca se quejaba de nada.

5 —¡Hola, Jack!

La Benjamina, cuando eran novios, había estado una vez viendo una película cuyo protagonista se llamaba Jack, que ella creía que significaba Jacinto, en inglés. Desde entonces siempre llamaba Jack a Jacinto.

10 —¡Hola, bombón!

Jacinto Contreras era muy cariñoso y solía llamar bombón a la Benjamina, aunque la mujer tenía una conjuntivitis crónica que la estaba dejando sin pestañas.

—He cobrado la paga extraordinaria.

15 La Benjamina sonrió.

—Ya lo sabía.

—¿Ya lo sabías?

—Sí; se lo pregunté a la Teresita por teléfono.

La Benjamina puso un gesto mimoso y volvió a sonreír.

20 —Mira, ven a la camilla[14], ya verás lo que te he comprado.

—¿A mí?

—Sí, a ti.

Jacinto Contreras se encontró al lado del brasero[14] con un par de zapatillas nuevas, a cuadros marrones,[15] muy elegantes.

25 —¡Amor mío! ¡Qué buena eres!

—No, Jack, el que eres bueno eres tú... Te las compré porque tú no te las hubieras[16] comprado jamás... Tú no miras nunca por ti... Tú no miras más que por el niño y por tu mujercita...

Jacinto Contreras puso la radio y sacó a bailar a su mujer.

30 —Señorita, ¿quiere usted bailar con un joven que va con

[13] **tocar . . . timbre**—tocar el timbre suavemente

[14] **brasero**—una pieza de metal que se usa para hacer lumbre (fuego) para calentarse, y que se encuentra debajo de una mesa pequeña que se llama una «**camilla**»

[15] **a cuadros marrones**—*maroon-checked* [16] **hubieras**—habrías

buenas intenciones y que estrena zapatillas?

—¡Tonto!

Jacinto Contreras y la Benjamina bailaron, a los acordes de la radio, el bolero *Quizás*, que es tan sentimental. La Benjamina, con la cabeza apoyada en el hombro de su marido, iba llorando. 5

La comida fue muy alegre y de postre tomaron melocotón en almíbar[17], que es tan rico. La Benjamina, a cuenta de la paga extraordinaria, había hecho unos pequeños excesos al fiado.

—Y ahora te voy a dar café.

—¿Café? 10

—Sí; hoy, sí.

Mientras tomaban café, Jacinto Contreras, con el bolígrafo, fue apuntando.

—Verás: unas medias para ti, cincuenta pesetas.

—¡No seas loco, las hay por treinta y cinco! 15

—Bueno, déjame. Una barra de los labios, con tubo y todo, otras cincuenta.

—Anda, sigue, los hay por treinta y duran lo mismo.

—Déjame seguir. Llevamos[18] cien. Unas botas para el Jacintín, lo menos doscientas. Van trescientas. Una camiseta de abrigo para 20 mí, cuarenta pesetas... Hasta lo que me dieron, menos el descuento y los dos vermús que me tomé... ¡Tú verás! Queda para el besugo, para turrón, para mazapán, para todo, ¡y aún nos sobra!

Jacinto Contreras y la Benjamina se sentían casi poderosos.[19]

—¿Hay más café? 25

—Sí.

Jacinto Contreras, después de tomarse su segundo café, palideció.

—¿Te pasa algo?

—No, no... 30

Jacinto Contreras se había tocado el bolsillo de los cuartos.

—¿Qué tienes, Jack?

—Nada, no tengo nada...

[17] **melocotón en almíbar**—*peach in natural syrup*

[18] **Llevamos**—Hemos calculado [19] **poderosos**—ricos

La cartera donde llevaba el dinero —una cartera que le había regalado la Benjamina con las sobras de la paga de Navidad del año pasado— no estaba en su sitio.

—¿Qué pasa, Jack? ¿Por qué no hablas?

5 Jacinto Contreras rompió a sudar. Después besó tiernamente a la Benjamina. Y después, con la cabeza entre las manos, rompió a llorar.

Hay gentes sin conciencia, capaces de desbaratar[20] los más honestos sueños de la Navidad: comprarle unas medias a la mujer 10 y unas botas al niño, comer besugo, tomar un poco de turrón de postre, etc.

Fuera, el aguanieve se había convertido en nieve y, a través de los cristales, los tejados y los árboles se veían blancos como en las novelas de Tolstoi...

[20] **desbaratar**—deshacer, descomponer

I. Estudio de palabras

A. SINONIMOS

1. *hacendoso*—aplicado, trabajador, diligente (en el trabajo de la casa)
2. *insensatez*—locura, tontería
3. *festejarse*—celebrarse
4. *ración*—porción (de una comida)
5. *cariñoso*—afectuoso

B. DEFINICIONES

1. *extraordinario*—que ocurre rara vez, que sale de la regla común
2. *pelar*—quitar la parte exterior
3. *la cola*—prolongación de la espina dorsal en los animales
4. *el mostrador*—mesa grande que se usa en las tiendas para presentar los géneros (cosas para vender)
5. *soltero*—no casado

6. *el compromiso*—obligación contraída, palabra dada
7. *el metro*—ferrocarril subterráneo de una ciudad
8. *el bombón*—dulce de chocolate
9. *la pestaña*—el pelo que sirve para proteger los ojos
10. *estrenar*—usar o representar por primera vez
11. *apoyar*—hacer que una cosa descanse sobre otra
12. *el hombro*—parte superior del tronco, de donde nace el brazo
13. *el bolígrafo*—pluma con punta de bola
14. *apuntar*—tomar nota por escrito de algo
15. *la media*—la prenda que sirve para cubrir el pie y la pierna
16. *el tejado*—la parte superior de la casa (techo)

C. PALABRAS USADAS EN CONTEXTO

1. *el descuento:* Por haber comprado mucho en una tienda, a veces recibimos un descuento de diez o veinte por ciento.
2. *mojarse:* Si salimos a la calle mientras llueve y no llevamos paraguas, vamos a mojarnos.
3. *sobrar:* No gasté todo el dinero que tenía; me sobran unos pesos.
4. *masticar:* Hay que masticar bien la comida para facilitar la digestión.
5. *tragar:* Si los alimentos no se mastican bien, pueden ser difíciles de tragar.
6. *cauteloso:* Las personas cautelosas andan con mucha prudencia y no se aventuran.
7. *el lujo:* Las personas muy ricas viven en casas de mucho lujo.
8. *el camarero:* El camarero es el que nos sirve en el restaurante.
9. *natural:* La persona que nace en un país es natural de allí.
10. *mimoso:* La madre mimosa da mucha atención y mucho cariño a su hijo.
11. *sudar:* Los trabajadores sudaban mucho bajo el calor del sol.

D. PALABRAS RELACIONADAS

1. zapatillas (*zapato*): zapatos muy ligeros que se usan por lo común en la casa
2. el llavín (*llave*): llave pequeña

3. palidecer (*pálido*): ponerse pálido (El sufijo *-ecer* de un verbo indica «ponerse» o «hacerse». Otros ejemplos: envejecer = ponerse viejo; enriquecer = hacerse rico.)
4. cartera (*carta*): una bolsa que se usa para llevar papeles, documentos o dinero
5. regalar (*regalo*): dar como regalo
6. camiseta (*camisa*): una camisa interior que se lleva debajo de la camisa

E. MODISMOS

1. *más contento que unas pascuas*—sumamente contento
2. *echar las cuentas*—calcular el dinero o los fondos que uno tenga
3. *de una vez*—una vez para siempre
4. *a diario*—todos los días
5. *a la plancha*—Las comidas que se preparan a la plancha son puestas sobre una lámina de metal calentada
6. *meterse en*—entrar en (un sitio)
7. *despedirse de*—decirle adiós a una persona
8. *empeñarse en*—insistir en
9. *vender* (*o comprar*) *al fiado*—vender (o comprar) a crédito

F. NOTA ESTILÍSTICA

El verbo *ir* a veces se usa en lugar de *estar* en ciertos casos:

> « . . . el metro, que *iba* (estaba) lleno de gente . . .»
> «La Benjamina . . . *iba* (estaba) llorando.»
> «Jacinto . . . *fue* (estuvo) apuntando.»

II. Ejercicios

A. Verdad o Mentira: Si la frase está correcta, escriba Vd. «verdad». Si no está bien, escriba la frase de nuevo, corrigiéndola.

1. La paga extraordinaria de Jacinto Contreras consiste en mil doscientas pesetas, con un descuento.
2. Jacinto Contreras era un hombre gastador.
3. Jacinto Contreras le iba a comprar una camiseta a Jacintín.
4. Todos los trabajadores madrileños habían cobrado su paga extraordinaria ese día.
5. Jacinto Contreras la llamó «bombón» a su mujer.
6. Al bailar juntos en la casa, la Benjamina empieza a llorar.
7. El postre esa noche constaba de algunos turrones.
8. La Benjamina es una mujer extravagante en cuanto al gastar el dinero.
9. La cartera de Jacinto Contreras se la había regalado su mujer el año anterior con dinero de la paga extraordinaria.
10. El novelista mencionado al final es un novelista español.

B. Escoja la palabra o palabras que completen cada frase.

1. Para la comida de Navidad Jacinto Contreras piensa comprar ______.
   a. un pavo *b.* un besugo *c.* un jamón *d.* unas gambas
2. Para celebrar ese día, Jacinto Contreras toma ______.
   a. un vermú *b.* un whisky *c.* una vodka *d.* una botella de vino
3. Al comienzo del cuento, hacía frío y ______.
   a. llovía *b.* nevaba *c.* había un aguanieve *d.* hacía sol
4. Al llegar a casa, Jacinto Contreras ______.
   a. saca su llave para abrir la puerta *c.* llama a voces a su mujer
   b. empuja la puerta que no está cerrada *d.* toca el timbre
5. La Benjamina llamó a Jacinto ______.
   a. Jacintín *b.* Bombón *c.* Amor mío *d.* Jack

6. La Benjamina compró para su marido ______.
a. una camiseta
b. un brasero
c. unas zapatillas
d. unos calcetines

7. Esa noche la Benjamina le da a su marido ______ para terminar alegremente la comida.
a. té
b. café
c. un pequeño aguardiente
d. un vaso de leche fresca

C. Preguntas sobre el contenido: Conteste Vd. en frases completas.

1. ¿Por qué llama la Benjamina «Jack» a su marido?
2. ¿Qué quiere comprar Jacinto Contreras para su mujer, para su hijo, para la comida de Navidad, y para sí mismo?
3. ¿Cuál es la opinión de Jacinto Contreras de la paga extraordinaria?
4. Antes de cobrar la paga extraordinaria, ¿cuánto tiempo hacía que no se tomaba un vermú?
5. ¿Cómo se llama el amigo de Jacinto Contreras? ¿Dónde se encuentran los dos amigos? Describa al amigo.
6. Cuando Jacinto Contreras está a solas en el bar, Cela dice: «A Jacinto Contreras le hubiera gustado tomarse unas gambas a la plancha, olerlas a ver si estaban frescas, pelarlas parsimoniosamente, cogerlas de la cola y, ¡zas! a la boca, masticarlas despacio, tragarlas entornando los ojos . . .» ¿Por qué no se para después de decir «A Jacinto Contreras le hubiera gustado tomarse unas gambas a la plancha»? ¿Qué efectos produce el resto de la frase?
7. Describa a la Benjamina. ¿Cómo sabía ella que él había cobrado la paga extraordinaria?
8. ¿Por qué «puso Jacinto Contreras la radio y sacó a bailar a su mujer»? ¿Qué nos dice este acto acerca de la vida de ellos?
9. ¿Cómo se llama la canción a la cual bailan? ¿Hay algo significativo en el título?
10. Al hablar de sus compras futuras, ¿por qué «se sentían casi poderosos» Jacinto Contreras y la Benjamina?
11. ¿Quién le robó la cartera a Jacinto Contreras?
12. ¿Quién pudiera ser la Teresita?
13. ¿Hay calefacción en la casa de Jacinto Contreras? ¿Cómo se sabe?
14. ¿Cuáles son los lujos de esta familia? Haga Vd. una lista de ellos.

D. Vocabulario: Complete Vd. la frase con una palabra sacada del «Estudio de palabras».

1. Traígame una _______ de gambas.
2. Antes de comer las nueces hay que _______las.
3. Mi perro tiene una _______ muy larga.
4. Nuestro tío no quiere casarse; prefiere quedarse _______.
5. Esta noche van a _______ una nueva película en el cine.
6. Las _______ son más cómodas que los zapatos.
7. Vamos a pedirle el menú al _______.
8. Somos _______ de Alemania.
9. Llevo mucho dinero en mi _______.
10. Mi hijo sufre de indigestión porque no ha _______ bien los alimentos.
11. La lluvia caía sobre el _______ de la casa.
12. El dependiente puso los artículos en el _______ de su tienda.
13. Para llegar al otro extremo de la ciudad hay que usar el _______.
14. El padre llevaba a su hijo en sus _______.

15—16. El marido le _______ a su esposa una caja de _______.

17. A causa del calor el hombre no llevaba más que una _______.
18. El novio trataba con mucho _______ a su novia.
19. Préstame tu _______. Quiero escribir una carta.
20. En asuntos domésticos mi esposa es sumamente _______.

E. Escriba Vd. un diálogo o cuento original usando por lo menos cinco de los modismos mencionados en la sección **I—E.**

F. Temas de presentación oral en la clase

1. ¿Por qué le es tan importante a Jacinto Contreras el recibo de la paga extraordinaria? ¿Qué representa esta paga en la vida de un empleado español? ¿Tenemos nosotros en los Estados Unidos un equivalente a esta paga? ¿Cuál es?
2. En su opinión, ¿iba Jacinto Contreras a usar bien el dinero o iba a ser frívolo? Justifique la respuesta.
3. En el metro, Jacinto Contreras dice que « . . . sin cuartos en el bolsillo no hay quien esté alegre». ¿Está Vd. de acuerdo con él? ¿Por qué?

4. ¿Cree Vd. que el dinero le cambie tanto a Jacinto Contreras? ¿Por qué? ¿Qué tipo de persona es?

G. Resumen: Escriba Vd. un resumen de este cuento de por lo menos quince frases. Incluya las razones del subtítulo del cuento, o sea, el por qué es una fábula y el por qué es un cuento sentimental.

H. Temas de composición libre

1. En este cuento el autor se refiere a varias costumbres de la vida madrileña de la clase trabajadora. ¿Cuáles son? ¿Cómo se parecen a o se diferencian de las costumbres de nuestro país?
2. Uno de los aspectos más importantes de las obras de Cela es la riqueza del lenguaje. Cite ejemplos del lenguaje popular y del uso de modismos.
3. ¿Son naturales los diálogos? ¿Por qué?
4. ¿Por qué contestó Jacinto Contreras «Nada, no tengo nada» cuando su mujer, viendo que se había puesto pálido, le preguntó «¿Qué tienes, Jack?»?
5. El cuento concluye con una descripción de una noche fría y de nieve. ¿Cómo refleja tal escena el estado de ánimo de Jacinto al final del cuento?

José María Sánchez-Silva

José María Sánchez-Silva nació en Madrid el 11 de noviembre de 1911. Era novelista y cuentista y ganó su fama universal en este último género por su cuento maravilloso «Marcelino pan y vino». Este cuento ha sido traducido a veinte y seis idiomas y ha sido leído por los niños de más de cien países. Para ganar tanta fama y popularidad, era preciso que su autor cultivara una prosa dinámica, poética, y muy clara. Y Sánchez-Silva lo ha hecho, no sólo en sus cuentos para niños sino en todas sus obras. Su prosa tiene una unidad y un movimiento constante que sirven para mantener la atención del lector.

En sus cuentos Sánchez-Silva usa la realidad y la fantasía, lo natural y lo inesperado, lo de a diario y lo que está en el terreno divino o fabuloso, sin chocar ni parecerle raro al lector. En suma, usa la realidad, la fantasía y la fe en una armonía perfecta para hablarnos de la vida tal como es.

El cuento que presentamos aquí se titula «El traje negro», y como hemos dicho de todos sus cuentos, hay en éste elementos sacados de la realidad, la fantasía y la fe. Es un cuento de un hombre fallecido cuyo amigo viene de Barcelona para hablar a la viuda joven, llamada Rosa. Por medio de una serie de «escenas» cortas que se cambian rapidísimamente, el autor nos retrata a la joven sola y al amigo Jacinto, y revela la razón misteriosa por la cual éste viene a Madrid a verla. Pasa con toda naturalidad de la conducta de los personajes a los elementos del misterio que encierra el cuento.

En cuanto a la fe, vemos que la viuda se había preocupado por lo correcto del entierro de su marido y que ha guardado su rosario. Y vemos a Jacinto en el cementerio, del cual no puede salir sin ponerse de rodillas y rezar un poco por su amigo muerto.

¿Y lo de la realidad? Primero tenemos los elementos cotidianos de la vida de Rosa y sus pensamientos con respecto a estos elementos. Y ¿qué de la realidad española que les ha preocupado a todos los escritores españoles del siglo veinte? Pues está en dos cosas: primero, en la necesidad de Rosa de crearse una vida nueva y de adaptarse a lo que la rodea; segundo, y más importante, en una de las costumbres favoritas de los españoles: la de la lotería. Cada español habla de lo que haría si le tocara el premio gordo, y cómo este premio le cambiaría la vida. Y cuando no gana, este mismo español maldice su suerte y afirma que el azar le ha tratado mal. Veremos ahora cómo les trata a nuestros personajes este azar.

El traje negro

Pero corrigió la firma de todos modos: Rosita. Aunque no sin estremecerse, por fin ya no decía allí Rosa Lángara de Gracia, sino Rosita Lángara. Se notaba muy poco. Sin embargo, era la primera vez, después del año sin ventura[1], que su firma de soltera regresaba al pie de las cartas, encerrada graciosamente en el capullo[2] de su óvalo armonioso. Un año. Y, del otro lado, veintitrés años. Algo así como veintitrés contra uno.

Rosa cerró la carta. Al pegar el sobre entornó los ojos, como tenía por costumbre, y se encontró allí repentinamente pegada, a su vez, como un sello en el interior del párpado[3] oscuro y suave. Sola, viuda. Viuda de ocho días, de diez días. Aún entre el dolor que causa lo imprevisto, si es sencillo, y la exigencia de resucitar un poco cada día. Un amor fugaz, una dicha fugacísima. Luego, en seguida, la enfermedad, y, sin sentir, la muerte. Una muerte estúpida, de pronto, sin solemnidad alguna. Y más tarde, cada minuto, entre el llanto y el vacío, una mirada inocente al espejo, un leve goce en correr un visillo,[4] un irse encontrando en la vuelta de la sonrisa; una explosión de la sangre apenas contenida cuando se da cuenta de que sobre el árbol de enfrente parece ir a crecer la primavera otra vez. Por fin, estas dos sílabas que no disminuyen nada: «i-ta», sino que añaden juventud. Su nombre de soltera, así, le devuelve apagadamente ecos indecisos de otros instantes olvidados.

«Señor don Jacinto del Alamo. Cortes, 110. Barcelona.»

[1] **ventura**—felicidad [2] **capullo**—*cocoon, bud* [3] **párpado**—*eyelid*
[4] **visillo**—cortina puesta a las ventanas para que no se mire adentro

Rosa contestaba la correspondencia de su marido. En el pequeño despacho con ventana al patio olía un poco a legumbres. Rosa cerró la ventana suspirando. Su pobre Rafael había escogido aquella habitación para dejarle a ella las dos exteriores. ¡Lo que es 5 la vida pequeñita, burguesa,[5] infeliz!...

¿Qué pensaría aquel don Jacinto cuando viese su carta contestada por ella con la noticia del fallecimiento[6] de su amigo? ¿Sería un buen amigo? Ella necesitaba ahora precisamente buenos amigos de su marido. Se pasó los dedos por el pelo lacio, rubio, 10 que se ensortijaba[7] si acaso hacia las puntas con el ingenuo remilgo[8] de no inundar los hombros. La carta de don Jacinto ha llegado hace varios días. Era una carta algo extraña: «Tuvimos suerte, Rafael —decía—. Mándame el billete después de repasar la lista. Verás algo gordo.[9] ¡Ya era hora, demonio! Iré a verte pronto, y cele- 15 braremos el acontecimiento de algún modo excepcional. Por lo menos, como cuando eras soltero.»

La vida se presentaba difícil. Algo así como un objeto concreto —una ventana, un ovillo de hilo, un verso—, pero escurridizo e inasible.[10] En el pequeño despacho se iban las más de las horas de 20 Rosa. Leía cartas, ordenaba papeles, alineaba con su dedo, pensativamente, las cuatro o cinco docenas de libros del estante. A veces se quedaba absorta. ¿A que iba a conocer ahora a su marido como no le conociera[11] en vida? Pero el rumor de las cocinas del patio, el llanto cargante de un niño, la distraían a menudo, y 25 solía evadirse de sus soliloquios con un vago deseo de actividad inmediata.

Entre los últimos papeles recibidos, aprisionados por la pequeña tortuga de plomo,[12] estaba el telegrama de Jacinto.

[5] **burguesa**—de la clase media [6] **fallecimiento**—muerte
[7] **se ensortijaba**—*curled up* [8] **remilgo**—gesto o movimiento afectado
[9] **gordo**—de importancia (es decir, un premio en la lotería)
[10] **escurridizo e inasible**—difícil de retener
[11] **conociera**—había conocido [12] **tortuga de plomo**—*lead turtle*

¡Jacinto! ¡Qué nombre tan... así, tan volandero![13] Debía de ser joven. Algún amigo de Universidad, de pensión, de oposiciones[14] de esas que hacen los jóvenes para descubrir a Lamartine. Decía: «Sincerísimo pésame.[15] Semana próxima llegaré a Madrid. Amigo íntimo, no sabe cómo me afecta noticia. Unese su dolor.[16] 5
Jacinto.»

Aquella resurrección, que le apesadumbraba con su fuerte realidad, habíase estacionado. Ahora, Rosa veía mejor el peligro. Estallara o no la primavera,[17] ella estaba sola, y presentía el cerco que le iba a poner la vida. Dinero, hombres, desilusión. Tres 10 palabras apenas, y... Ya había cogido dos veces aquella tarjeta: «Jacinto del Alamo. Barcelona.» Jacinto —¡pues no era tan volandero el nombre! —había ido allí por la mañana, cuando ella estaba fuera. Dijo a la muchacha[18] que volvería a las seis. Las seis —esa hora estúpida por excelencia— habían pasado ya. Casi eran 15 las seis y diez.

¿Por qué estaba Rosa delante del espejo? Una ira violenta le acometió. Apagó la luz y se quedó un instante apoyada en alguna parte, sintiendo correrle el rubor como una ola caliente. Fue a salir, pero se detuvo. Había sonado el timbre. ¿Sería, por fin, ese 20 irritante Jacinto volandero?

Era Jacinto. Le pasaron al cuartito de estar, que seguramente se llamaba así porque jamás nadie estuvo en él. Pero no se va a pasar a la gente al comedor de buenas a primeras.[19] Rosa, por el pasillo, se alisó la falda. Sus pasos le sonaban sobre las baldosas[20] 25 brillantes como los pasos de otra mujer. De una mujer conocida, pero extrañamente joven, bella, libre; otra, en fin.

[13] **volandero**—*casual, flighty*
[14] **oposiciones**—exámenes para obtener ciertos empleos
[15] **pésame**—expresión de pena y compasión por la desgracia de una persona
[16] **Unese su dolor.**—Comparto su dolor.
[17] **Estallara . . . primavera**—Aunque la primavera nunca llegara
[18] **la muchacha**—la criada
[19] **de . . . primeras**—de repente [20] **baldosas**—*paving stones*

Jacinto era un muchacho. Tuvo tentación de reír cuando pudo comprobar su intuición. Conocía a Rafael desde el segundo de Bachillerato.[21] Al principio estuvo muy serio, preguntando todo, sobre todo lo que se refería a los últimos días de su amigo, 5 con ese apasionado interés que suele revestir el drama recién estrenado para la juventud.[22] Luego ya, serio aún, pero ajustándose ligeramente la corbata había afirmado:

—Créame. Le digo por experiencia que sólo en el segundo de Bachillerato se hacen amistades duraderas.

10 Después la conversación había seguido otros derroteros.[23] Rosa pensaba: «¿Le ofreceré café?» Jacinto, entre tanto, hablaba de cosas económicas. Varias veces se había corregido en frases como ésta: «Claro que ahora...» «Y menos mal que...» «Ya ve usted; las cosas de la suerte...» Finalmente, había dicho: «El pobre 15 Rafael hubiese querido,[24] a saberlo,[25] darle una sorpresa. Por eso usted no sabía nada. Es muy sencillo, y, a fin de cuentas, muy agradable», volvió a corregirse.

Rosa pensaba: «¿Fumará tabaco rubio o negro?[26] Yo creo que rubio. Esas cajetillas del pobre Rafael...»

20 Sí. Les había tocado la lotería. Un premio importante. Compraron juntos los billetes cuando Rafael, muy pocos días antes de morir, estuvo en Barcelona. Rafael había dicho: «Ya me avisarás. Ya sabes que yo no creo en esto ni miro nunca las listas.» Rafael apenas jugaba. Tuvo él que acuciarle[27] aquel día, después de 25 almorzar en el restaurante. Por eso le había dejado los billetes. Les tocaba un buen puñado de miles de pesetas. El había pedido a Rafael los billetes por carta para cobrarlos en Barcelona y traerle el dinero. Eso era todo. Sí, nada más.

[21] **segundo de Bachillerato**—segundo año de la escuela secundaria

[22] **con . . . juventud**—con el interés tan típico de los jóvenes ante un suceso grande en la vida [23] **derroteros**—rutas, direcciones

[24] **hubiese querido**—hubiera (habría) querido

[25] **a saberlo**—si lo hubiera sabido

[26] **tabaco . . . negro**—el tabaco negro es mucho más fuerte que el rubio

[27] **acuciarle**—animarle, estimularle

Rosa, sin decidirse entre el café o los cigarrillos, había escuchado. No sabía nada, claro. Ella buscaría. No recordaba. Estarían en el despacho. Sí, en efecto... —tuvo también que corregirse—. Por poco dice «menos mal».[28]

Jacinto se fue sin café y sin cigarrillos, pero vendría al día siguiente, a la misma hora. Le acompañó hasta la puerta. Era alto, esbelto. Iba bien vestido. Se despidió tímidamente.

Rosa revolvió toda la casa. Nadie sabría decir, mientras buscaba, si su pensamiento coincidía o no con su actividad. A veces parecía que no. ¿De dónde sacaba esta nueva confianza? Ahora no le importaba dejar las cosas desordenadas. Esta tarde, la casa tenía otra cara. Una cara casi normal de casa. El desorden reposa siempre sobre la convicción de una ayuda ajena, de una responsabilidad superior a la de uno mismo. Rosa andaba por allí con una nueva libertad. Cuando el cenicero de Manises se estrelló[29] contra el suelo, Rosa no se inclinó a recoger los pedazos. Se lo había regalado ella. Pero ya los recogería la muchacha.[30]

Los billetes de lotería no estaban. O no aparecían sencillamente.

Cuando llegó Jacinto —hoy sí le daría café—, ella se estaba arreglando. Hablaron, primero, de Madrid y Barcelona. Siempre se habla de Madrid y Barcelona en estos casos. Luego, con timidez, Jacinto preguntó:

—Encontraría los billetes, claro.

No. No los había encontrado. Era raro. Y se detuvo, un poco asustada, al observar el contraste producido entre su propia charla rápida, intrascendente[31] y casi alegre y la repentina severidad del otro. Había visto una sombra rápida atravesar los ojos claros de él. ¿Desconfiaba de ella?

Rosa dijo que traería café y después le enseñaría los papeles. Movieron el azúcar en silencio. El tenía una arruga en la frente. Una arruga vertical, casi negra, porque estaba de espaldas a la luz.

—Es extraño, muy extraño...—decía Jacinto, mientras

[28] **Por . . . «menos mal».**—Casi dijo «tanto mejor».

[29] **se estrelló**—se rompió en pedazos [30] **la muchacha**—la criada

[31] **intrascendente**—de poca importancia

repasaba los papeles, poco después. Allí, sentado a la mesa de trabajo de Rafael, hacía un efecto raro. Tenía los hombros más anchos. Al fin al levantarse, dijo:

—Le advierto que esto sería una tragedia, tanto para mí como
5 para usted.

Rosa le miraba entonces como miran algunas mujeres, casi todas, cuando se distraen. Tenía ganas de reír; pero comprendió que hubiese sido[32] una tontería irreparable. De pronto interrogó Jacinto:

10 —¿Y los trajes? ¿Ha mirado usted en los trajes?

No había mirado, la verdad.

Fueron al armario. Rosa notó calor en la frente. La alcoba era calurosa. Pero no había nada en los trajes. Si acaso, algún billete del tranvía, un botón, diez céntimos. La huella delicada, en fin,
15 que dejan muchos hombres al partir.

Jacinto se quedó en silencio. Miró el conjunto de los trajes.[33]

—No llevaba ninguno de éstos cuando yo le vi en Barcelona. Creo que aquél era de rayas muy finas sobre fondo negro.

Rosa se había tapado la cara con las manos. La desconfianza
20 de él se agudizó.[34] Casi brutalmente se acercó a ella y preguntó:

—¿Dónde está el traje?

Rosa separó sus manos despacio. Lloraba. Luego dijo:

—Con ese...

—¿Le llevaron[35] con ese traje?—casi vociferó Jacinto.

25 Sí, con aquel negro. Era el más... respetable. Ella había protestado, de todos modos. Le repugnaban aquellas prendas —americana cruzada, pantalón con vueltas[36]— civilonas y aburguesadas.[37] Pero ¿qué hacer? Todo lo resolvían los oficiosos. Ella no estaba para nada, ya se haría él cargo. Desde luego, hubiese preferido[38]
30 un hábito, un uniforme, un simple sudario[39] que dejase descubiertos

[32] **hubiese sido**—hubiera (habría) sido
[33] **el . . . trajes**—todos los trajes [34] **se agudizó**—*sharpened*
[35] **Le llevaron**—Le llevaron al cementerio [26] **vueltas**—*cuffs*
[37] **civilonas y aburguesadas**—típicas de la clase media de la ciudad
[38] **hubiese preferido**—Véase 32. [39] **sudario**—cubierta para los cadáveres

los blancos pies, como los que Mestrovic[40] suele dejar desvestidos y exentos[41] a sus ángeles de piedra. Pero la gente... Estaban allí algunos familiares de él. Hubieran podido pensar que...

—Bien —dijo él de pronto—. Pues no hay más remedio que llegar hasta el fin. Por si acaso, vuelva a mirar despacio. Yo haré mañana unas gestiones[42] y vendré por la tarde.

A Rosa le daba vértigo el inocente globo de luz. El no esperó a que le acompañase. Rosa, muy desmadejadamente,[43] cerró el armario con los trajes arrugados unos sobre otros, y salió.

Jacinto se había dejado[44] el sombrero. La viuda entró en el despacho y se sentó. Luego, a oscuras, se echó de bruces sobre la carpeta de falso tafilete encarnado.[45]

Cuando ya había anochecido, llegó Jacinto —decididamente, el nombre no resultaba nada volandero—. Ambos pronunciaron al tiempo las mismas palabras:

—¿Qué?

—¿Qué?

—Nada —repuso Rosa con desaliento.

Se sentaron. Había sido un día horrible. Hoy fue él quien pidió café y una copa de algo, de cualquier cosa, si la había. Y habló, habló de prisa, sin descansar, sin mirarla ni una sola vez, como si recitase en su antiguo cuarto de estudiante algún tema de un examen definitivo, eliminatorio.

Se levantó muy temprano. Había visitado a un juez y a un cura párroco viejecito. Había demostrado su personalidad, su cargo, etc. Al principio se tropezaba con la inercia y el sopor[46] profundo de los rutinarios centros oficiales. Por fin, su tono, su convicción irreducible habían triunfado. Por la tarde fueron al cementerio. Estaba el recinto tranquilo, silencioso por aquella parte, con ese peculiar silencio de los andenes y las grandes salas

[40] **Mestrovic**—escultor yugoeslavo [41] **exentos**—libres de ropa, desnudos
[42] **gestiones**—*steps, measures* [43] **desmadejadamente**—con poca fuerza
[44] **dejado**—olvidado
[45] **carpeta . . . encarnado**—*red false-Moroccan-leather portfolio*
[46] **sopor**—falta de energía

de espera cuando no espera nadie. Llegaron en coche. Iban varios funcionarios. Al acercarse al sitio, él había tenido un instante de vacilación. Sintió el acoso[47] de quién sabe qué remordimiento. Pero era hombre de llegar al final, y además, no estaba solo: a su lado, formando un breve semicírculo indiferente, estaban ellos. Ellos eran las autoridades. Por fin, dos hombres quitaron las piedras, la tierra. Aún estaba blanda. El había dado un paso atrás. Entonces recordó que se había olvidado aquí[48] el sombrero. Puso a la espalda sus manos apretadas, como cuando uno espera resistir un dolor desconocido. Sacaron el féretro. Tenía pegada la tierra, y faltaba el crucifijo. ¿Tenía ella el crucifijo?

No. No lo había conservado. Esos crucifijos son demasiado grandes. Guardaba el rosario que él tuvo hasta que vinieron los hombres.

El café se enfriaba.[49]

Siguió hablando él. Cuando metieron la palanca[50] entre la tapa y la caja presintió un largo ruido chirriante de madera astillada.[51] Pero no. Se abrió silenciosamente. Si acaso, sonó algo así como una tela rasgada. El cerró los ojos. Velocísimamente, sin saber por qué, le vino a las mientes[52] aquella manía suya de medirse en los velatorios de difuntos con la tapa de las cajas puestas en pie. Siempre pudo comprobar que él cabía perfectamente en aquel receptáculo destinado para otro más bajito. Oyó pasos a su lado. Alguien dijo:

—Está desnudo.

No quiso mirar. El juez, más tarde, hizo abrir otros ataúdes del día anterior, de una semana, de quince días atrás.

—Todos los cadáveres —le dijeron— estaban desnudos. Habría que establecer una vigilancia severa.

—¡Qué escarnio!—[53] decía el sacerdote.

[47] **acoso**—persecución [48] **aquí**—es decir, en casa de Rosa

[49] **El café se enfriaba.**—Se refiere al café que él había pedido antes.

[50] **palanca**—barra o palo grande [51] **astillada**—fragmentada

[52] **le . . . mientes**—pensó en

[53] **escarnio**—burla, decepción

Pero era tan viejo ya el pobre, que lo decía como si no hubiese más remedio que decirlo.

—Vamos a tomar declaración al conserje. ¿Viene usted?

—No, gracias. Ya es bastante; prefiero tranquilizarme aquí —había articulado él.

Se fueron. El quedó solo, mirando a un ciprés pequeño. Luego se acercó a la tumba de Rafael. Rezó un poco. Echó puñaditos de tierra sobre el sitio. Oyó el coche del juez y los otros que se alejaban. Se levantó, anduvo unos pasos para desentumecer[54] las rodillas. De pronto, recordó la hora, y también que tenía que venir a verla. Salió de prisa del cementerio y anduvo hasta aquí. Eso era todo.

De un trago se tomó la copa. Luego encendió un cigarrillo. Estaban a oscuras, y la cerilla les hizo bailotear en el techo. Rosa se levantó y dio la luz. Le molestaban las fantasmagorías. Había escuchado casi sin ver, y le parecía haber escuchado dos veces. Podría repetir una por una todas las palabras que había oído. Sin embargo, la luz les trajo una calma fresca sobre las frentes. Parecía como si sólo ahora fuese de noche y anduviesen juntos por una alameda umbría.[55]

—¿Qué hacer? —pidió Rosa.

Nada. Aún quedaba alguna posibilidad. El reclamaría, buscaría al vendedor. No sabía con fijeza qué podía hacerse. Era una buena cantidad.

¿Acaso podría ella? Tenía algo, poco; pero si le hacía falta...

Jacinto abrió mucho los ojos. ¿Qué decía? Se levantó y fue hacia ella, pero se volvió bruscamente a mitad de camino. Que no fuera[56] chiquilla. El era un hombre de honor. Le importaba, claro es, pero no tanto.

Hablaba peor ahora. Quizá fuera de esos hombres que hablan cuando no tienen nada que decir y, en cambio, callan obstinadamente cuando pudieran decir algo.

[54] **desentumecer**—*to take the numbness out of*

[55] **alameda umbría**—paseo de árboles protegido del sol

[56] **Que no fuera**—No debía ser, era necesario que no fuera

Bueno: habría de irse. Saldría aquella noche para Barcelona. Que no se preocupase.[57] El la tendría al corriente. Le había gustado mucho conocerla. Agradecería mucho que, de vez en cuando, le pusiera unas letras.[58] El la contestaría siempre.

5 Rosa le acompañó. Junto a la puerta le alargó el sombrero. El se rió moderadamente.

—Casi prefería haberlo olvidado otra vez para tener que volver —dijo.

Se dieron la mano. La de él era larga, fuerte, tibia.

10 Tardó mucho en descender los primeros peldaños. Que le escribiese.[59] Que le escribiese pronto. Casi mañana mismo. Subió un par de escalones.

—Rosa —lo pronunciaba por primera vez—, no olvide: 110, Cortes, 110.

15 Cerró la puerta. Iba como alelada,[60] sonriendo. Entró en el despacho. Se sentó. Puso una hoja de papel de carta sobre la carpeta de falso tafilete encarnado. Empezó a escribir: «Querido don Jacinto Volandero...» Luego, en el membrete,[61] leyó: «Rafael Gracia. Abogado.» Lentamente, en pedacitos pequeños, 20 rompió el papel. Los fue echando al cesto. Parecían resistirse a la gravedad, y... ahora sí que era volandero el nombre. Al pasarse la mano por la frente, Rosa recordó el desorden de la casa y salió con prisa del cuarto. Apresuradamente también, como si sólo ahora se hubiese percatado de[62] lo tarde que se iba haciendo, 25 en el pequeño geranio de la ventana empezaba a crecer desaforadamente[63] la primavera.

Al parar Jacinto el taxi dio un empellón a un hombre. El hombre se quedó maldiciendo pesadamente. El hombre era el señor Afrodisio. Aquella mañana, al amanecer, el señor Afrodisio

[57] **Que no se preocupase.**—Véase 56.
[58] **le . . . letras**—le escribiera una carta [59] **Que le escribiese.**—Véase 56.
[60] **alelada**—sin sentido [61] **membrete**—*letterhead*
[62] **se . . . de**—se hubiese dado cuenta de
[63] **desaforadamente**—enormemente

había bajado a la tienda. El señor Afrodisio era dueño de un pequeño establecimiento de compraventa.[64] La tienda, instalada en un arrabal, oficialmente era frutería.

El señor Afrodisio no creía en la suerte. Cuando leía la historia de alguna joya o de algún cuadro famoso, solía decir: «Cosas de los periodistas.» El nunca se había encontrado un alfiler, ni había ganado en el juego, ni conseguido jamás otra ganga que la de trabajar quince horas diarias y sucesivas de trapero, mozo, frutero y compravendedor de objetos de dudosa procedencia. Aquella mañana, cuando hubo oído algo como un arañazo en el cierre,[65] sonrió. Pronto empezaba el día. Abrió. Era aún muy temprano. No se veía un alma por la calle. Sólo el *Rabón*, y para eso, por descontado,[66] sin alma alguna. El *Rabón* estaba allí con prisas y un bulto bajo el brazo. Entró.

—¿Qué traes?

Traía un traje. Era de sus buenos tiempos, afirmó. Estaban tan mal las cosas..., aclaró en seguida con su habitual cara de honrada tristeza. El señor Afrodisio volvió a sonreír. Había visto la tierra que manchaba las botas del *Rabón*. Comprendía. Y cuando comprendía no había inconveniente en sonreír. Lo desdobló. Lo miró al trasluz.[67] Estaba casi nuevo. Era un traje negro con rayas blancas finas, espaciadas. Al volverlo a doblar como si no lo quisiera, tropezaron sus dedos con unos papeles. Pensó de prisa: «Deben ser las bulas.» Pero ¿y si no lo eran? Rehecho el paquete, lo olió ostentosamente, hizo un gesto de repugnancia invencible y dijo, empujándolo hacia el *Rabón*:

—Trece pesetas.

No solía admitir discusiones el señor Afrodisio. Opinaba que las discusiones han causado siempre la ruina de España. Así, el *Rabón* bajó su lastimera cabeza y masculló solamente:

[64] **de compraventa**—donde se compran y se venden cosas
[65] **arañazo . . . cierre**—*scratching on the window shutter*
[66] **por descontado**—por supuesto, naturalmente
[67] **al trasluz**—contra la luz

—Exponte pa[68] esto. Pasa canguelo[69] y frío. ¡Maldita...! —luego se detuvo de golpe—. Vengan[70] —silbó.

Se fue el *Rabón*. El señor Afrodisio volvió al paquete. Sacó un papel pequeño doblado: un billete de cinco duros.[71] Su cara se
5 iluminó regocijadamente. ¡La primera vez! La suerte, al cabo, le sonreía. Sacó los otros papeles del traje: eran varios billetes de lotería. ¡Lotería!... El señor Afrodisio los rasgó despacio, sonriendo cachazudamente,[72] mientras en su cerebro comenzaba a estribarse[73] uno de sus largos monólogos sobre supersticiones
10 perniciosas e inútiles de los hombres. Luego se limpió los dedos. Extrajo la cartera, guardó en ella los cinco duros y salió a la calle. El señor Afrodisio, hombre de suerte a última hora, se iba a convidar.[74]

En el justo momento en que le acababan de empujar hasta
15 casi hacerle caer, le quedaba sólo una peseta con veinte céntimos. Pero bueno: todo era ganancia, y, además, ¿qué?

[68] **pa**—para [69] **Pasa canguelo**—Sufre miedo
[70] **Vengan**—Démelas (las 13 pesetas)
[71] **duros**—un duro vale cinco pesetas
[72] **cachazudamente**—muy despacio, con mucha calma
[73] **estribarse**—formularse
[74] **se . . . convidar**—iba a tratarse bien, iba a comer en algún buen restaurante

I. Estudio de palabras

A. SINÓNIMOS

1. *estremecerse*—temblar
2. *el despacho*—la oficina
3. *el demonio*—diablo
4. *el rumor*—ruido
5. *la pensión*—casa de huéspedes
6. *esbelto*—delgado
7. *la alcoba*—el dormitorio
8. *los familiares*—parientes
9. *la cerilla*—el fósforo
10. *reclamar*—protestar, quejarse
11. *el bulto*—paquete
12. *convidar*—invitar

B. DEFINICIONES

1. *fugaz*—que desaparece en seguida, de muy corta duración
2. *presentir*—sospechar una cosa antes de que ocurra
3. *el rubor*—el color rojo en la cara
4. *el cuarto de estar*—cuarto de la casa donde se recibe a los invitados
5. *el pasillo*—corredor por el cual se pasa de un cuarto a otro
6. *el Bachillerato*—el grado que uno recibe al terminar la enseñanza media (casi equivalente a la «high school»)
7. *estrenar*—usar algo por primera vez o representar una obra teatral por primera vez
8. *ajeno*—que pertenece a otro
9. *la americana*—un tipo de chaqueta
10. *el recinto*—área o sitio de una ciudad
11. *el funcionario*—empleado público
12. *el remordimiento*—dolor interno producido por una mala acción
13. *el velatorio*—el acto de asistir de noche a un difunto (muerto)

14. *el ataúd*—caja donde se mete el cadáver para llevarlo al entierro
15. *el conserje*—el que tiene a su cuidado la limpieza y custodia de una casa o cualquier otro edificio
16. *los escalones* (*peldaños*)—las partes de la escalera por las cuales subimos y bajamos
17. *el arrabal*—barrio fuera de la ciudad, sitio extremo de la ciudad

C. PALABRAS USADAS EN CONTEXTO

1. *la firma:* El cheque no vale nada sin la firma.
2. *soltero, -a:* Esa mujer no es casada; es soltera.
3. *la viuda:* El esposo de doña Rosa murió. Ella es viuda ahora.
4. *el acontecimiento:* El viaje a la luna fue un gran acontecimiento.
5. *la amistad:* Los dos amigos han formado una buena amistad que durará por muchos años.
6. *el cenicero:* Aquí tiene Vd. un cenicero para apagar su cigarrillo.
7. *la arruga:* El viejo tenía muchas arrugas en la frente.
8. *el armario:* En mi casa ponemos la ropa en un armario grande.
9. *la huella:* El cazador pudo seguir al animal por las huellas que dejó en el suelo.
10. *tapar:* Hay que tapar la botella después de usarla.
11. *la prenda:* La chaqueta, la camisa y la blusa son prendas de vestir.
12. *rezar:* Las mujeres religiosas van a la iglesia todos los días para rezar a Dios.
13. *el empellón:* En la calle el niño le dio un empellón a su hermano menor y le hizo caer.
14. *la ganga:* La mujer compró el vestido por muy poco dinero y lo consideró una gran ganga.

D. PALABRAS RELACIONADAS

1. el puñado (*puño*): porción de una cosa que cabe en el puño o en la mano, o sea, una pequeña cantidad de una cosa
2. maldecir (*mal* + *decir*): hablar mal de alguien o algo
3. doblar (*doble*): poner una parte de una cosa flexible sobre otra parte de esa cosa
4. el andén (*andar*): corredor, acera o sitio destinado para andar a lo largo de una calle o de la vía de un ferrocarril

E. MODISMOS

1. *oler a*—tener olor de: «El aire huele a perfume.»
2. *tocarle a uno la lotería*—«Al hombre le tocó la lotería» = «El hombre ganó en la lotería.»
3. *hacerse cargo de*—asumir la responsabilidad de: «El jefe se hizo cargo de la obra.»
4. *echarse de bruces*—caer boca abajo
5. *tropezar(se) con*—dar con, encontrarse con
6. *tener al corriente*—informar, avisar: «Me tenían siempre al corriente del asunto.»

F. NOTAS ESTILÍSTICAS

1. El autor se sirve del futuro y condicional para indicar probabilidad o duda:

   «¿*Sería*, por fin, ese irritante Jacinto volandero?» (¿Podía ser . . . ?)

   «¿Le *ofreceré* café?» (No sé si le debo ofrecer café.)

   «¿*Fumará* tabaco negro o rubio?» (No sé si fuma . . .)

   «*Encontraría* los billetes, claro.» (Sin duda encontró los billetes.)

2. Se puede emplear un subjuntivo sin cláusula principal. En los casos siguientes se supone o se sobrentiende una cláusula introductiva:

   «Que no fuera chiquilla.» (Era necesario que no fuera chiquilla.)

   «Que no se preocupase.» (Era importante que no se preocupase.)

   «Que le escribiese.» (Le dijo que le escribiese. O: Quería que le escribiese.)

II. Ejercicios

A. Verdad o Mentira: Si la frase está correcta, escriba Vd. «verdad». Si no está bien, escriba la frase de nuevo, corrigiéndola.

1. Rosa tenía veinte y tres años de edad.
2. La muerte de Rafael era algo que todos esperaban.
3. Rafael había sido abogado.
4. Era la primavera.
5. A Rosita no le gustaba tocar las cosas del marido difunto.
6. Rosa guardaba el crucifijo y el rosario con que se murió Rafael.
7. Ya viuda, Rosa vivía completamente sola.
8. Jacinto y Rafael habían sido amigos desde muy niños.
9. Lo que se quedaba sobre la mesa de escribir de Rafael era una carpeta de falso tafilete encarnado con sus hojas para cartas dentro.
10. Aunque le maldecía en extremo, *el Rabón* se llevó el dinero ofrecido por el señor Afrodisio.

B. Escoja la palabra o palabras que completen cada frase.

1. El despacho olía a ______.
   a. flores *b.* legumbres *c.* tabaco
2. Jacinto llega ______ para ver a Rosa por primera vez.
   a. a la hora en punto
   b. después de la hora citada
   c. antes de la hora citada
3. En el despacho Rosa deja caer ______.
   a. un cenicero
   b. un plato
   c. la carpeta de falso tafilete encarnado
4. Al buscar juntos los billetes de lotería, Rosa se siente más extraña cuando ______.

a. Jacinto le deja ver una arruga en la frente
b. Jacinto se sienta a la mesa de trabajo de Rafael
c. entran en la alcoba para mirar en los trajes de Rafael

5. En casa de Rosa, Jacinto se había olvidado ______.
a. del sombrero *b.* de los cigarrillos *c.* de los guantes
6. La flor que indica la llegada de la primavera en este cuento es ______.
a. la rosa *b.* el geranio *c.* el tulipán
7. Oficialmente, en la tienda del señor Afrodisio se venden ______.
a. trapos *b.* frutas *c.* trajes

C. Preguntas sobre el contenido: Conteste Vd. en frases completas.

1. ¿Por qué vuelve Rosa al uso del diminutivo Rosita?
2. ¿Cómo se siente Rosa cuando ve a Jacinto por primera vez? ¿Por qué?
3. ¿Qué cree Vd. que será el fin de las relaciones entre Rosa y Jacinto? ¿Qué hay en el cuento para sugerirlo?
4. ¿Por qué cree Rosa algunas veces que Jacinto es un nombre volandero y otras veces que no lo es?
5. ¿Cuál había sido la opinión de Rafael de la lotería?
6. ¿Por qué había guardado Rafael los billetes y no Jacinto?
7. Analice la cita siguiente:

> Ahora no le importaba dejar las cosas desordenadas. Esta tarde, la casa tenía otra cara. Una cara casi normal de casa. El desorden reposa siempre sobre la convicción de una ayuda ajena, de una responsabilidad superior a la de uno mismo. Rosa andaba por allí con una nueva libertad.

8. ¿Había conocido Rosa bien a su marido? Explique su respuesta.
9. Describa a Rosa físicamente y en cuanto a su personalidad.
10. Describa a Jacinto físicamente y en cuanto a su personalidad.
11. ¿Cuál era la manía de Jacinto?
12. ¿Por qué estaban desnudos todos los cadáveres?
13. Describa la personalidad del señor Afrodisio. ¿Por qué es irónico lo que le pasó al final?
14. ¿Encontró Jacinto por fin los billetes que buscaba? Explique.

15. Analice la cita siguiente:

> Ahora Rosa veía mejor el peligro. Estallara o no la primavera, ella estaba sola, y presentía el cerco que le iba a poner la vida. Dinero, hombres, desilusión. Tres palabras apenas, y . . .

16. Describa Vd. el traje que llevaba Rafael en su entierro. ¿Por qué no le gustaba a Rosa? ¿Por qué se lo pusieron? ¿Por qué le interesaba este traje a Jacinto?
17. ¿Sabía el señor Afrodisio el origen del traje que le trajo *el Rabón*? ¿Cómo nos lo indica el autor?
18. ¿Cuánto dinero le dio el señor Afrodisio al *Rabón* por el traje?
19. En el bolsillo del traje negro, el señor Afrodisio encontró un billete de cinco duros y varios billetes de lotería. ¿Cuál le interesaba más y por qué? ¿Qué hizo con los demás?

D. Vocabulario: Complete Vd. la frase con una palabra sacada del «Estudio de palabras».

1. Al recibir su _______, mi hermano entrará en la universidad.
2. No debemos meternos en asuntos _______.
3. Tuvimos que esperar en el _______ hasta que llegó el tren.
4. Es necesario _______ la botella para que no se escapen los gases.
5. En los _______ de la ciudad viven los de la clase media.
6. Si no podemos encontrar un buen hotel, nos quedaremos en una _______.
7. Entre el comedor y la cocina hay un _______ largo.
8. A la muerte de su marido, la mujer se quedó _______.
9. Entre José y Antonio hay una buena _______.
10. Hay que _______ la chaqueta para meterla en la maleta.
11. Han ocurrido muchos grandes _______ en nuestro siglo.
12. Después de castigar a su hijo, el padre sintió un gran _______.
13. Las mujeres comen muy poco para mantenerse _______.
14. Nuestro vecino nos _______ a comer en su casa.
15. Por sus muchas _______, se notaba que la mujer era muy vieja.

16. Ponga su ______ al pie de la carta.
17. Esta noche van a ______ un drama nuevo en el teatro.
18. Nuestros ______ de Madrid vienen a visitarnos.
19. El ______ nuestro trata muy mal a los que viven en el edificio.
20. El hombre de la tienda le dio al niño un ______ de dulces.

E. Temas de presentación oral en la clase

1. El señor Afrodisio no admitía discusiones en nada. «Opinaba que las discusiones han causado siempre la ruina de España.» ¿Qué opina Vd. de las discusiones? ¿Pueden causar la ruina de una nación? Justifique su respuesta.
2. ¿Qué tiene que hacer Jacinto para lograr que saquen el cuerpo de Rafael? El dice que «al principio se tropezaba con la inercia y el sopor profundo de los rutinarios centros oficiales». ¿Por qué son ellos así?

F. Resumen: Escriba Vd. un resumen del cuento de por lo menos quince frases en el que Vd. incluye lo que ha aprendido del «carácter» de los españoles al leerlo.

G. Temas de composición

1. En este cuento experimentamos muchos cambios rápidos de escena. Dé ejemplos de estos cambios. ¿Cómo añaden al contenido del cuento y a mantener el interés del lector?
2. En muchos casos, por ejemplo en el segundo párrafo de la primera página del cuento, el estilo del autor consiste en el uso de frases cortas que nos presentan una serie de ideas sin desarrollarlas. Dé otros ejemplos de este estilo. ¿Se desarrollan estas ideas más tarde?
3. Este cuento trata de un misterio. ¿Cuál es este misterio? ¿Se soluciona al fin? ¿Por qué es irónica toda la parte final del cuento?
4. En este cuento hay mucho uso de la luz y la sombra. Dé ejemplos y explique cómo se relacionan con el contenido, con el argumento o con los personajes.
5. En su opinión, ¿qué o quién es el verdadero protagonista de este

cuento: Rosa, Jacinto, Rafael, el traje negro o el azar? Explique su respuesta.

6. Este cuento está dividido más o menos en dos mitades. ¿Cuáles son estas mitades? ¿Cuál es la más importante y por qué?
7. Si el autor hubiese terminado el cuento con una descripción de la salida de Jacinto para Barcelona, ¿de qué modo se habría cambiado el argumento del cuento?

Natalia Figueroa

Cada época produce cambios en las personas y en el mundo que las rodea. ¿Cómo podemos llegar nosotros a conocer a nuestros antepasados? Sólo por un camino: a través de las obras de arte. Estas son las obras de la literatura y de la pintura.

Durante la primera mitad del siglo 19 en España, no se cultivaron mucho ni la novela ni el cuento ni el ensayo. El énfasis estaba en la poesía y en el drama. Sin embargo, llegó a tener una gran popularidad y mucho valor literario una forma de la prosa: el artículo de costumbres. Este tipo de literatura describe en una prosa clara la sociedad en todos sus aspectos. Hay la descripción de las costumbres, de los lugares y de los tipos de personas de todas las clases sociales. Esta descripción sirve a veces para criticarlos, y otras veces sólo para describirlos como el autor los ve, con la realidad como objeto de curiosidad que se debe captar ahora para el futuro. Los más grandes «costumbristas» del siglo 19 fueron Serafín Estébanez Calderón, quien escribía sólo para describir, sobre todo con respecto a las costumbres rurales; Ramón Mesonero Romanos, cuyas obras sobre la vida madrileña no tienen igual; y Mariano José de Larra, cuyas obras tienden más a la crítica que a la descripción. No obstante, estas tres figuras no eran las únicas que emplearon este género. Todos los autores de mérito del siglo 19 escribieron tales artículos; un grupo de ellos se formó para publicar una obra que apareció en Madrid en 1843 y que se titulaba *Los españoles pintados por sí mismos.* Esta obra trata de casi todos los tipos y todas las costumbres de la sociedad española del día, muchos de los cuales ya han desaparecido. Esta obra grande fue la inspiración principal de la obra «costumbrista» de Natalia Figueroa.

Natalia Figueroa, que nació en San Sebastián el 10 de agosto de 1939, escribió sus primeras obras a la edad de siete años, y publicó su primer libro de poemas a los diez y ocho. Cuando era todavía muy joven, empezó a trabajar con Televisión Española, a colaborar en el periódico madrileño *A B C*, en Radio Madrid y Radio Española, y a traducir obras del francés. Como se ha mencionado ya, la obra *Los españoles pintados por sí mismos* impresionó mucho a Natalia Figueroa, inspirando en ella un interés intenso en la sociedad española de su tiempo y un deseo fuerte de describir sus costumbres y actitudes con fidelidad, para que no fuesen olvidadas por generaciones futuras. De sus observaciones detalladas y de su modo de mirar el mundo—con amor y con un sentido de humor bastante fino—nació el libro *Tipos de ahora mismo*.

De este libro presentamos aquí cuatro capítulos. Cada uno presenta un tipo que forma parte integral de la sociedad española de hoy pero que quizás desaparezca dentro de poco. Estos capítulos no son ni cuentos ni ensayos. Son como fotografías en palabras de distintas personas reales y representativas de algo importante en la vida española. Algunas de estas personas han formado parte de esta sociedad por muchos años; otras son relativamente «jóvenes» en cuanto al papel que hacen en la sociedad. Pero todos son cien por ciento españoles de hoy.

Primero vamos a conocer a un tipo de hombre empleado en España desde hace siglos pero cuya profesión está en peligro de desaparecer. Es el sereno. El sereno es un tipo que sólo ha existido en España. Ni siquiera llegó a aparecer en los países colonizados por los españoles. El sereno es un hombre que trabaja de noche. A eso de las diez de la noche todos los portales de las casas se cierran con llave. El sereno trabaja en varias calles. Cuando una persona llega tarde, llama al sereno para que éste le abra el portal. El sereno depende del dinero que recibe de las personas para quienes abre los portales. Sobre las seis o las siete de la madrugada se abren los portales y el sereno vuelve a casa para dormir. ¿Qué más hace y por qué se va muriendo su profesión? Pues, dejemos que la autora nos lo diga.

El segundo tipo que vamos a conocer es la Guardia Civil. Los guardias siempre andan en parejas cuando están de servicio en los pueblos y distritos rurales. Con su uniforme verde y su tricornio negro el guardia es muy famoso fuera de España y muy respetado y temido dentro de España. Es el policía de las carreteras y es una de las figuras más famosas de la literatura española. Hay que mencionar que la Guardia Civil, aunque admirada de muchos, ha sido también detestada.

La detestan especialmente los enemigos del gobierno actual, los cuales recuerdan las atrocidades cometidas por la Guardia contra los españoles que estaban a favor de la República durante la Guerra Civil de 1936–39. En cambio, sus defensores afirman que la Guardia siempre ha hecho un papel esencial y laudable protegiendo a la población contra el bandolerismo y el desorden civil. Natalia Figueroa nos ofrece un retrato favorable de la vida dura y disciplinada de la Guardia Civil de hoy.

Mientras los empleos del sereno y del guardia civil han durado ya mucho tiempo en España, el tercer tipo que vamos a ver es relativamente nuevo. Es el guía turístico. En años recientes el turismo ha llegado a ser una de las fuentes más fuertes de la economía del país. Cada año más personas visitan a España y estas personas quieren saber todo lo que puedan de lo que ven. Por esto tenemos el guía profesional que lleva a grupos por el país describiendo todo. Además, si la persona viaja por su propia cuenta, encontrará a guías en todos los museos y todas las iglesias y en otros lugares de interés del país. Y si un guía no está presente, uno puede estar seguro de que hallará a una persona que de momento se convierte en ayudante del turista. Estos tres personajes unidos con el que lleva a los españoles de viaje por el extranjero (porque a los españoles les gusta viajar también) forman el «tipo» del guía turístico. Veremos en este capítulo cómo cada clase de guía trata a los turistas y cómo éstos les tratan a sus guías.

Finalmente vemos a otro tipo viejo en la vida española: «la señora de los lavabos». Como con el sereno, el empleo de esta señora se va terminando, pero todavía la vemos en muchos de los servicios del país. Está en los de los hombres igual que en los de las mujeres. Ella está allí para limpiar el lavabo, para entregar toallas de papel a los «clientes» y para dar ayuda a los que la necesiten. Vamos a ver a esta mujer en su mundo sucio y bastante desagradable, donde ella se queda resignada, tratando de ganarse la vida diaria lo mejor que pueda.

El sereno

¡Va![1] . . . ¡Vaaa! . . .

Una voz potente, seca. Y el chuzo,[2] como música de fondo, golpeando las aceras.

—Buenas noches, sereno.

5 Existe sólo en España. Es un personaje entrañable,[3] típicamente nuestro, que ha asomado su sonrisa y su acento asturiano a muchos sainetes, a muchas comedias y a muchas películas. ¿Cuántos años le damos de vida? Su oficio agoniza, empieza ya a esfumarse.[4]

10 —Fíjese; antes había puñetazos por conseguir una plaza vacante. Ahora quedan algunas vacías, aquí en Madrid, que nadie quiere ocupar.

Fue Carlos II quien creó este «cuerpo». Allá por el año...[5] El primer sereno vino de Asturias. Trajo con él a sus hijos, a sus 15 parientes. Los «sembró» por nuestra ciudad, y luego, cuando se hicieron viejos, colocaron en su lugar a sus descendientes. De ahí que tantos serenos hablen[6] con acento asturiano.

—¡Va, va!... ¡Va!

El palo choca contra las aceras de las calles dormidas.

20 —¡Buenas noches! Frías, ¿eh?

Se frota las manos. Va bien abrigado. Acepta un pitillo y

[1] **¡Va!**—El sereno habla en tercera persona: va = voy (*I'm coming*); en español se usa el verbo *ir* en vez de *venir* en este caso.

[2] **chuzo**—palo que usa el sereno [3] **entrañable**—íntimo

[4] **esfumarse**—desaparecer [5] **Allá por el año . . .**—Alrededor del año . . .

[6] **De . . . hablen**—Por eso hablan

charla con el vecino del tercero[7] a quien ha abierto la puerta. Discuten, a veces, de toros y de fútbol. O de política.

—El buen sereno nunca se mete a dormir en un portal.

Hasta que cierran los bares, entra a echarse un trago[8] o a tomar un café de cuando en cuando. Luego se queda solo. Sentado en 5 cualquier banco y, si no hay banco, en una silla que él lleva. La noche guarda un silencio casi total.

—¿Las horas más tranquilas? Pues de cuatro a seis de la madrugada.

Mi amigo el sereno me habla de su profesión, contesta mil 10 preguntas.

—¿Sueldo? No, no tenemos sueldo del Ayuntamiento. Ni estamos sindicados, ni existe para nosotros un seguro médico, o una jubilación... Nada. Es una tragedia, se lo aseguro. Horrible. Deja uno aquí la vida, y luego ¿qué? A la hora de retirarse, no 15 tiene uno para comer.

El Ayuntamiento les da la licencia de armas. Ellos «ponen» el uniforme: guardapolvos gris, gorra... Y la pistola y el chuzo. Trabajan «por libre».[9] A su aire.[10] No dependen de nadie ni tienen edad de jubilarse. Se van cuando quieren. Y dejan a quien quieren 20 en su lugar.

—Eso sí, la persona que nos sustituya debe reunir varias cosas y presentarlas al Ayuntamiento: certificado de penales,[11] buena conducta, buena salud, firma de los vecinos y de los comercios del barrio... 25

El sereno que se retira da, pues, la alternativa a su sucesor.

—¿Suele ser hijo suyo?

—Hijo, sobrino, amigo... Depende. Antes era más natural que el hijo siguiera el oficio del padre, pero ahora los jóvenes no quieren ni oír hablar de esta profesión. ¿Hacerse ellos serenos? ¡Ni 30 pensarlo![12] Ya ve, mi chico trabaja en la Standard.

[7] **del tercero**—del tercer piso [8] **echarse un trago**—tomar una bebida
[9] **«por libre»**—con entera libertad [10] **a su aire**—en su propio distrito
[11] **certificado de penales**—documento que certifica que él no ha sido criminal
[12] **¡Ni pensarlo!**—No se debe considerar.

—¿Y usted? ¿Por qué eligió usted esto?

—Viene de familia. Mi tío-abuelo fue sereno, y luego mi tío... Somos de Oballo, de Asturias. Yo caí por Madrid[13] en mil novecientos veintisiete, y me coloqué en el hotel Alfonso XIII, hoy hotel Avenida. Pero en seguida me dijo mi tío: «Anda, ponte de sereno,[14] que yo estoy ya cansado y mayor»... Y ocupé su sitio, que era el mismo que antes tuvo mi tío-abuelo. No hemos cambiado jamás de barrio. Nuestra «posesión» es igual desde mil ochocientos cincuenta y nueve... Y mi chuzo es de entonces. Lo vamos heredando, ¿sabe?

Su «posesión». Sus dominios. Sus casas, sus bancos, sus árboles. Reina en un reino diminuto. Vigila, vigila.

—¡Sereno!

—¡Va!...

Saluda a don Pedro y a doña Teresa, y a la jovencita que vuelve tarde con el novio, y a la señora que saca al perro por última vez antes de acostarse, y al matrimonio que llega del cine, y al empleado que ha hecho horas extraordinarias... ¿Cuántas veces da las buenas noches en una sola noche? La oscuridad es su día, su jornada de trabajo. Con la mañana, llega su noche.

Puede, si quiere, colocar a otro sereno en su posesión. O a dos, o a tres. Es dueño y señor del barrio durante la madrugada.

—Empezamos a las diez y media. Pero debemos estar en la «plaza» media hora antes. Yo, a las diez en punto ya estoy en mi sitio. Nos marchamos a las siete de la mañana.

—¿Y cuánto duermen?

—¡Ah!; yo, mucho. A mí, las nueve horitas de sueño no me las quita nadie. Me acuesto a las ocho, después de haber desayunado. A las dos, me levanto para comer. Y luego, tres horas de siesta. Después me arreglo para salir con mi mujer a pasear o al cine, o a ver a los amigos. A las nueve y media, vuelvo a casa y ceno. Me preparo, me pongo el uniforme, y al trabajo...

[13] **Yo caí por Madrid**—Yo vine a Madrid
[14] **ponte de sereno**—toma la profesión de sereno

Mi amigo cuenta y no acaba[15] de ese barrio suyo que pertenece a «la familia» desde 1859 y que él ocupa hace cuarenta años. Era tan bonito antes... Antes. Cuando había chalets con jardines, y árboles grandes, y tranquilidad... Cuando no derribaban para levantar edificios de apartamentos o de oficinas, todos iguales. 5

—Ahora ya, nada... Da pena. De aquellas casas, no queda una...

Ha asistido, poco a poco al principio y mucho a mucho después, a la muerte de jardines, de árboles, de residencias.

—Conocí a Unamuno.[16] Vivía en el cincuenta y siete de 10 Zurbano. Hablé con él varias veces. Una noche, me acuerdo que llegaron unos muchachos y se pusieron a cantar debajo de sus ventanas. Don Miguel les hizo subir. Eran los coros vascos de Santa Agueda. Cuando salieron, iban quejándose de la propina tan pequeña que les había dado: diez pesetas... ¡Pero es que 15 Unamuno no era rico! Se las bandeaba[17] medianamente, ¿sabe? Fíjese, un hombre de su categoría...

Conoció también a Echegaray, y a María Guerrero, y a Romanones, y a Alcalá Zamora.[18]

—Alacalá Zamora se construyó un hotelitò estilo andaluz en 20 Martínez Campos.[19] ¡Madre mía, cómo le gritaban, cómo le aclamaban! No cabía un alfiler en aquel trozo de calle. «¡Viva Alcalá Zamora! ¡Viva Alcalá Zamora!» «¡Presidente Alcalá Zamora!» Pero ya ve: lo mismo que oí vitorearle,[20] oí insultarle. Con los mismos gritos. ¡Qué cosas! 25

[15] **y no acaba**—sin fin
[16] **Unamuno**—autor español de la Generación del '98
[17] **Se las bandeaba**—Podía ganarse la vida
[18] **Echegaray**—dramaturgo español del siglo 19
María Guerrero—actriz española de los siglos 19 y 20
Romanones—autor y político español de los siglos 19 y 20
Alcalá Zamora—Presidente de la República Española desde 1931 hasta 1936, año en que estalló la Guerra Civil
[19] **Martínez Campos**—nombre de una calle grande de Madrid
[20] **vitorearle**—aclamarle

Monarquía, Dictadura, República, Guerra Civil. Mi amigo el sereno no se movió de su puesto. Uniforme, gorra, llaves colgadas, chuzo en mano. Atravesaba éste y aquel período político, ésta y aquella forma de gobierno.

5 —Conocí al Rey. Pero soy apolítico. No me interesa la política. Veo sus trucos,[21] los sé. Quiero vivir en paz. Y que nos gobiernen bien. Ya está.

Cuando vino la guerra, el Ayuntamiento les retiró[22] las llaves. Fue un modo de ayudarles, de evitarles situaciones trágicas.

10 —Venían a ponernos la pistola al pecho para que abriésemos los portales y dijésemos si fulano o mengano estaban en su casa. Era horrible.

El sereno vive de las propinas y de lo que cada vecino «tiene a bien» darle mensualmente. Viene a sacar de cuatro a seis mil 15 pesetas. No es obligatorio pagarle, pero en el reglamento que el alcalde les entrega dice que «no servirán a quien no les pague». Ellos pasan una hojita donde puede leerse: «El sereno del comercio y vecindad. Muy señor mío: el sereno de esta calle se honra en ofrecer a usted sus servicios durante las horas de la noche, al mismo 20 tiempo que le participa[23] que, no teniendo sueldo alguno más que la voluntad de los vecinos de la demarcación,[24] les ruego, si lo tiene a bien, se suscriba a mi favor con alguna cantidad mensual que merecerá el agradecimiento de este humilde servidor.»

Mi amigo no llegó a «cantar las horas». No conoció eso de 25 «Las dos y media y nublado...» «Las cuatro y sereno...».

—En Madrid desapareció la costumbre hace mucho tiempo. En provincias y en sitios pequeños, duró más... Yo llevé, eso sí, el farolillo. Colgado del chuzo o en la mano.

—¿Y qué significa ahora el chuzo?

30 —Nada. Los golfos tienen miedo, a veces, de que les aticemos[25] con él. Pero, aparte de eso, no sirve ya de nada.

[21] **trucos**—*tricks* [22] **retiró**—quitó [23] **participa**—informa
[24] **demarcación**—sección de la ciudad asignada al sereno
[25] **aticemos**—peguemos, golpeemos

Hace muchos años, la propina de diez céntimos[26] se consideraba como una estupenda propina.

—Hoy, casi nadie da menos del duro.

Cuando mi amigo el sereno iba a casarse, le confesó a su novia que no ganaba un sueldo demasiado grande: «Bueno —dijo ella—, con lo que sea nos arreglaremos... » «Tengo treinta duros al mes». La chica abrió mucho los ojos: «¿Treinta duros? ¿Y te parece poco? ¡Si hasta podremos ahorrar! »

Efectivamente, ahorraron. Se vivía mejor en aquellos tiempos. ¿Verdad, sereno? Eso me has asegurado tú.

—Se vivía mejor en aquellos tiempos. Por menos dinero. Y nosotros comíamos a base de bien,[27] no crea... No nos faltaba de nada. Antes se usaba siempre la palabra «arreglar», ¿sabe usted? «Vamos a arreglar estos zapatos», «Hay que arreglar un traje», «He llevado la linterna a arreglar... » Ahora, no. Esa palabra casi no existe. Ahora se tira, se tira todo y se vuelve a comprar. No merece la pena el tiempo que se pierde con los arreglos, según dicen. ¡Menudo cambio han dado las cosas!

Mi amigo se queja. La vida sube, el sueldo no alcanza,[28] el oficio es duro. No hay ventajas, sino inconvenientes. Le obsesiona lo del subsidio de la vejez.

—Toda una vida me he dejado en esto, ¿se da cuenta? Y ahora que ya es tiempo de retirarme, ¿de qué vivo?

El Montepío[29] les asegura trescientas pesetas al mes. ¿Y qué es eso?

—Estamos a disgusto.[30] Este oficio da los últimos coletazos.[31] Los jóvenes no lo quieren ni regalado. Hacen bien. Hay muchas plazas vacantes y nadie las ocupa...

—¿Por qué, entonces, usted...?

[26] **céntimos**—Hay cien céntimos en una peseta.
[27] **a base de bien**—muy bien
[28] **no alcanza**—no es suficiente
[29] **Montepío**—sociedad que ayuda a las viudas y a los huérfanos
[30] **a disgusto**—en una situación desagradable
[31] **da los últimos coletazos**—se va extinguiendo

—Yo... Porque no estaba estudiado.[32] Eramos diez hermanos. No sabíamos leer ni escribir. Ahora he aprendido algo, pero no puedo cartearme con[33] mis hermanas porque ellas siguen sin saber. Había tanta hambre y tanta miseria en aquellos pueblos... Tanta 5 miseria... Ustedes, los jóvenes, han nacido en la luz. Nosotros nacimos en la oscuridad. A estos oficios se dedican los que no sirven para otra cosa, los que no han tenido la ocasión de aprender.

Su barrio, residencial, es tranquilo en la noche. Nunca se vio obligado a disparar contra nadie. Sólo, a veces, unos tiros al aire. 10 Para asustar. Otros compañeros tienen peor suerte. Los que trabajan por ahí, por Lavapiés, por Cascorro, por Vallecas...[34] Esos se juegan el tipo[35] en ocasiones.

—Con los borrachos y los gamberros,[36] y los ladrones, y los que buscan pelea... Ya ve, sin ir más lejos, a mi amigo Enrique le 15 dejaron seco[37] en Cuatro Caminos.[38] Luego la prensa dice que «fue en acto de servicio», y se acabó. Todos tan contentos. No, no estamos conformes, no. No estamos a gusto.[39]

Hay alrededor de 2.500 serenos en Madrid. Y existen también los llamados «suplentes», a quienes se avisa en casos de enfermedad 20 de nuestro personaje. Muchos tienen otro empleo. Duermen por la mañana y son durante toda la tarde funcionarios del Ayuntamiento, o barrenderos, o carboneros...

—¡Sereno!...

—¡Va!...

25 Ruido de llaves y de chuzo contra el suelo. Pies que avanzan corriendo.

—¡Buenas noches! Y buenas de verdad, ¿eh? Ya era hora. ¡Caramba con esta primavera que no quería llegar! ...

[32] **no estaba estudiado**—no había ido a la escuela
[33] **cartearme con**—escribir cartas a
[34] **Lavapiés, Cascorro, Vallecas**—barrios de Madrid
[35] **se juegan el tipo**—se ponen en peligro
[36] **gamberros**—*rowdies, toughs* [37] **le dejaron seco**—le mataron
[38] **Cuatro Caminos**—barrio pobre de Madrid
[39] **No estamos a gusto.**—No nos gusta.

—Sereno, ¿es necesario el sereno?

—Hombre, sí. Desde luego. Mire, nosotros somos quienes les damos a ustedes noches tranquilas. Esta paz de Madrid, por la noche, hay que agradecérsela al sereno. En este país se puede andar, se puede pasear a cualquier hora de la madrugada. No hay peligro. ¿Dónde se encuentra otro país así? Nosotros echamos mano, además, a todo lo que se ponga por delante: un accidente, un enfermo, un incendio... Y hablo del que es sereno ¿eh? Del que sabe cumplir. No del que se duerme en un portal.

Mi amigo se abriga lo que haga falta durante las noches más frías del invierno, pero no entra a cobijarse[40] en los portales.

—Plantillas de borrego,[41] calzoncillos, buenas camisetas, gabanes... Al frío se le combate bien.

Es un personaje tan nuestro, tan entrañable... Agonizante, casi muerto ya, dando sus últimos coletazos.

—¡Va, va!...

Un día, dentro de muy pocos días, se habrá apagado esa voz. Nadie contestará a la llamada. Echaremos de menos el guardapolvos gris, la gorra y el chuzo, el hablar asturiano.

—Sí, claro que hacemos falta.[42] Yo pago, cada mes, a mi sereno. Y no quisiera que me faltase, le digo la verdad.

Se siente a disgusto, como un poco abandonado, como en el aire. Con la angustia terrible de una vejez incierta, de una vejez sin subsidio. Con el miedo a esa vejez que va acercándose.

Adiós, sereno. Quisiera decirte «hasta luego» o «hasta siempre», pero creo que es necesaria la palabra «adiós».

—¡Sereno!... ¡Sereno!...

No, ya no contesta. Nadie contesta a la llamada.

[40] **cobijarse**—protegerse, buscar protección y refugio

[41] **plantillas de borrego**—*sheepskin soles*

[42] **hacemos falta**—somos necesarios

I. Estudio de palabras

A. SINÓNIMOS

1. *el oficio*—la profesión
2. *la plaza*—el sitio, empleo
3. *sembrar*—dispersar, diseminar
4. *frotar*—friccionar
5. *el pitillo*—cigarrillo
6. *jubilarse*—retirarse
7. *el trozo*—pedazo, fragmento
8. *la voluntad*—el deseo, intento
9. *la angustia*—aflicción

B. DEFINICIONES

1. *el sainete*—una comedia dramática de un acto
2. *la madrugada*—las horas entre la medianoche y el amanecer
3. *el sueldo*—la remuneración asignada a un individuo por el trabajo que hace
4. *el ayuntamiento*—el edificio en donde se administra una ciudad
5. *el barrio*—sección de una ciudad
6. *la jornada*—un día de trabajo
7. *fulano (mengano)*—una persona indeterminada o imaginaria
8. *el alcalde*—la primera autoridad de una ciudad o de un pueblo
9. *el farolillo*—la linterna pequeña que usan los serenos
10. *el golfo*—vagabundo de la calle (gamberro)
11. *el duro*—una moneda de cinco pesetas
12. *el funcionario*—un empleado público

C. PALABRAS USADAS EN CONTEXTO

1. *el seguro:* La compañía de seguros me ha vendido una póliza de seguro sobre la vida.
2. *la firma:* Sin la firma el cheque no vale nada.
3. *derribar:* Han derribado la casa vieja para construir una nueva.

4. *ahorrar:* Hemos ahorrado mucho dinero en el banco.
5. *arreglar:* El reloj está roto; hay que arreglarlo.
6. *disparar:* El criminal disparó su pistola y mató al hombre.
7. *el tiro:* Los tiros del revólver se oyeron por toda la calle.

D. PALABRAS RELACIONADAS

1. el portal (*puerta*): vestíbulo de una casa
2. el puñetazo (*puño*): golpe dado con el puño
3. el coletazo (*cola*): golpe dado con la cola
4. abrigado (*abrigo*): llevando abrigo
5. la vejez (*viejo*): calidad de viejo, ancianidad

E. MODISMOS

1. *dar pena*—causar tristeza: «La muerte de mi amigo me dio mucha pena.»
2. *fijarse (en)*—notar
3. *tener a bien*—estimar justo o conveniente
4. *estar conforme*—estar de acuerdo
5. *desde luego*—por supuesto, seguro, claro
6. *echar de menos a alguien*—sentir la falta o ausencia de alguien: «Mi padre se fue hace una semana y ahora le echo de menos.»

II. Ejercicios

A. Verdad o Mentira: Si la frase está correcta, escriba la palabra «verdad»; si no está correcta, escriba la frase de nuevo, corrigiéndola.

1. El sereno recibe un sueldo fijo por su trabajo.
2. Existe un buen plan para su vida después de retirarse.
3. Hoy día muchas personas quieren ser serenos.
4. El sereno tiene que jubilarse a los cincuenta años de edad.
5. De propina casi nadie da menos de un duro.

6. El sereno siente ser sereno.
7. El sereno ha aparecido antes de esta obra en la literatura española.
8. El hijo del sereno de esta obra también es sereno.
9. Al comenzar la carrera la mujer del sereno podía ahorrar dinero de lo que él ganaba, pero ahora lo que él gana no es suficiente para vivir.
10. Este sereno ha tenido que usar su pistola de vez en cuando.

B. Complete Vd. las frases con las palabras que faltan.

1. El sereno vino originalmente de la provincia de _______.
2. El rey que inició el empleo del sereno fue _______.
3. Las horas de menos trabajo para el sereno son de las _______ a las _______ de la madrugada.
4. Lo que le obsesiona a este sereno es _______.
5. El _______ les asegura a los serenos 300 pesetas al mes al retirarse.
6. Hay alrededor de _______ serenos en Madrid.
7. Según la descripción de la voz, se supone que el sereno es un hombre _______.
8. Este sereno ha ido trabajando en su barrio ya por _______ años.
9. El sereno dice que, cuando él era joven, la palabra favorita de la gente era « _______ », pero que en estos días, todos prefieren _______ sus cosas usadas y _______ de nuevo.
10. Según este hombre, los serenos dan _______ a los ciudadanos por la noche.

C. Preguntas sobre el contenido: Conteste en frases completas.

1. ¿Dónde pasa la noche el sereno? ¿Qué es lo que nunca hace?
2. ¿Cómo llega un hombre a llenar el puesto de sereno? ¿Qué tiene que presentar al Ayuntamiento?
3. ¿Cuáles son las «posesiones» del sereno?
4. Describa un día «típico» de la vida del sereno.
5. ¿Qué ha visto pasar en su barrio este sereno? ¿Qué opina él de ello?
6. ¿A quiénes ha conocido durante sus años de trabajo este sereno?

7. ¿Cuál es la opinión del sereno de la política?
8. ¿De dónde viene el « sueldo » del sereno? ¿Cuánto suele ganar?
9. ¿Para qué sirve ahora el chuzo? ¿Para qué cree Vd. que servía antes?
10. ¿Por qué se hizo sereno este hombre?
11. ¿Cómo justifica el sereno su empleo? ¿Cree Vd. que sea necesario? Explique.

D. Vocabulario: Las ideas o expresiones siguientes sugieren palabras que se hallan en el «Estudio de palabras». Escoja Vd. la palabra o palabras sugeridas en cada caso.

1. No le gusta trabajar; se le ve todos los días en la calle.
2. se fuma
3. abogado, médico, etc.
4. Uno de éstos es suficiente para matarme.
5. doscientos dólares por semana
6. la última época de la vida
7. El debe solucionar los problemas de la ciudad.
8. Lo recibí y me hizo caer.
9. Yo salía y ella entraba; allí nos encontramos.
10. La sentimos a la muerte de un miembro de la familia.
11. Póngala Vd. aquí en esta línea.
12. lo que esperamos todos
13. Esa parte de la ciudad tiene un carácter especial.
14. Dura generalmente ocho horas.
15. Generalmente estamos durmiendo durante esas horas.

E. Temas literarios para composiciones

1. ¿En qué forma está escrita esta obra? ¿Quién es el narrador?
2. En esta obra, el lenguaje suele ser muy cotidiano en vez de formal. Dé ejemplos de palabras o frases de este tipo sacados de «El sereno».
3. Natalia Figueroa usa muchas frases incompletas en su obra. Dé ejemplos de estas frases. ¿Qué añaden estas frases a la obra en cuanto al realismo, la rapidez y el interés para el lector?
4. ¿Cómo añade el uso de repeticiones de palabras y de frases a la buena construcción de la obra? Dé ejemplos.

5. En esta obra el sereno hace muchas referencias a los cambios que ha visto en su vida. Cite algunos de ellos y la opinión del sereno de cada uno. En su opinión, ¿cuál es mejor: lo de antes o lo de ahora? ¿Por qué?
6. El sereno dice: «A estos oficios se dedican los que no sirven para otra cosa, los que no han tenido la ocasión de aprender.» ¿Cuáles son «estos oficios»? ¿Qué nos dice esta cita de la vida española y qué nos dice del tipo del sereno en general?
7. La obra de Natalia Figueroa es un estudio de tipos y de costumbres. (*a*) Describa brevemente el tipo del sereno en cuanto a su ser físico y psicológico, en cuanto a sus actitudes hacia la vida, su modo de vestirse, sus faenas en el trabajo y su vida en general. (*b*) Describa lo que ha aprendido de esta obra acerca de la vida española y las costumbres de los españoles. Dé ejemplos.

La Guardia Civil

La pareja. No puedo referirme a uno de ellos, a uno sólo. Sería como partir por la mitad al personaje. Decimos «la» Guardia Civil, y raras veces «el» Guardia Civil. ¡Menudo tipo[1] este tipo! ¿Cómo iba a faltar a nuestra cita? El escenario que imagino en este instante —mientras escribo— para colocarlo, es una carretera o 5 un camino, al atardecer. Y ellos a ambos lados, detenidos y en pie, vigilantes, como dos columnas. Estampa[2] perfecta —capa verde y tricornio—, teatral, imponente, multiplicada en el país y casi ya legendaria.

—¿A ti te gusta la Guardia Civil? 10

Me hizo la pregunta, de pronto, un amigo francés, camino de Toledo, al cruzarnos con una de las «parejas». ¿La Guardia Civil? ¿Que si a mí me gusta la Guardia Civil? La verdad es que nunca me había parado a pensarlo... Tardé un poco en contestar.

—Sí, a mí sí me gusta. ¿Por qué? 15

Me escuchaba lleno de curiosidad. Acababa de llegar a España y era éste su primer encuentro con nuestros protagonistas. Quiso detener el coche, hacerles fotos, verles «de cerca»... Estaba agitado, emocionado. («¡Mira, míralos...!») La Guardia Civil. España y la Guardia Civil: ahí es nada.[3] Había gritado como 20 el turista que llega al Oeste americano y descubre un ejemplar de indio «sioux», o como quien, recién caído[4] en Japón, se da de narices con[5] una «geisha».

[1] **Menudo tipo**—gran tipo (La palabra «menudo» se usa con un sentido irónico y enfático.) [2] **Estampa**—Aspecto

[3] **ahí es nada**—ahí lo tiene Vd. todo [4] **caído**—llegado

[5] **se da de narices con**—se encuentra cara a cara con

Luego, ya más tranquilo, empezó a hacerme un montón de preguntas, y, naturalmente, Federico García Lorca[6] se instaló en nuestra conversación. El chico francés recitaba de memoria el Romancero gitano...[7]

5 —Fuera de aquí, la Guardia Civil tiene una leyenda negra, ¿sabes?

Lo dijo como dándome una gran noticia. Y, entusiasmado, siguió con Antoñito el Camborio, y con la «Ciudad de los gitanos», y con la «Reyerta», y con el Romance de la Guardia 10 Civil española...[8] Lo recitaba todo sin una sola duda.

—De cualquier forma —exclamó— ¡qué bonito hacen, qué decorativos son! Impresionan,[9] ¿verdad? Así, en la carretera...

—¿Y de García Lorca, qué me cuentan ustedes?

Se lo pregunto a la pareja de la Guardia Civil sentada a mi lado 15 junto a la chimenea de una casa de campo castellana.

—¡Ay, Dios! —sonríe uno de ellos—, ¿qué quiere que le diga? Pues ya lo sabe usted, que no nos miraba con muy buenos ojos...

—Tiene mucha culpa de esa leyenda negra nuestra, sobre todo 20 en otros países.

La pareja ha aparecido en la casa de campo. Viene con cierta frecuencia. Y es curioso presenciar esta «visita». Tiene algo de rito, de ceremonia. Fuera, hace frío y es casi de noche. Entran ellos bien arropados en sus capas, embozados.[10] Para la guardesa 25 de la casa, para los hombres del campo que juegan a las cartas o ven la televisión después de su jornada de trabajo, esta visita es siempre un acontecimiento. Con qué seriedad, con qué gusto, con qué rara emoción acogen a los dos guardias. Les invitan a

[6-7] **Federico García Lorca**—gran poeta español (1899–1936) que compuso el *Romancero gitano*, una colección de poemas de tipo tradicional

[8] «**Antoñito el Camborio**», «**Ciudad de los gitanos**», «**Reyerta**», «**Romance de la Guardia Civil española**»—romances del *Romancero gitano* [9] **Impresionan**—Dan una impresión

[10] **embozados**—con la cara cubierta

sentarse en el mejor sitio, cerca del fuego; echan unos troncos más;[11] sirven jamón, y chorizo, y queso; preparan vino y café... Para estos hombres y estas mujeres que viven en medio del campo, la noche tiene un significado distinto, y la Guardia Civil es seguridad, protección. Se sienten como a salvo. 5

—Ojalá y vinieran más... —he escuchado con frecuencia—. ¡Entra una «cosa»[12] al verles llegar...!

Una «cosa»: una tranquilidad. Recuerdo la época de aquellos famosos «quinquis»,[13] hace muy pocos años, que tenían atemorizada a la gente. Decían que había algunos escondidos por los 10 alrededores de Toledo, en el campo. Las mujeres estaban muertas de miedo y llenaban su despensa[14] de todo lo mejor para ofrecérselo si aparecían, a cambio de que «no les hicieran nada». Los habitantes de casas solitarias soñaban con la pareja de la Guardia Civil y la recibían casi como si se tratase de una aparición mila- 15 grosa.

—¿Por qué son ustedes guardias civiles?

Uno de ellos tendrá alrededor de cuarenta años. El otro, el compañero, representa[15] mucho menos.

—Por vocación. Sólo se puede elegir esto por vocación. Si no, 20 es imposible. Mire, yo tenía otros sitios donde haberme puesto a trabajar, pero me tiraba[16] este oficio desde muy jovencillo.

Su compañero asiente al escucharle.

—Yo igual —dice—. Me tiraba esto. Llevo quince años en el «Cuerpo». 25

Para ser admitidos se les exije dominar el reglamento militar y, naturalmente, el de la Guardia Civil.

—Y escribir correcto, y las cuatro reglas,[17] y problemas corrientes... Entonces nos examinamos.

[11] **echan unos troncos más**—Echan los troncos al fuego para revivirlo.
[12] **Entra una «cosa»**—Es gran cosa
[13] **quinquis**—especie de ladrones que van por los campos y pueblos
[14] **despensa**—lugar de la casa donde se guardan las cosas de comer
[15] **representa**—parece tener [16] **tiraba**—atraía
[17] **las cuatro reglas**—adición, substracción, multiplicación, división

Si aprueban, pasan varios meses en una Academia donde se les enseña y se les forma, donde se les hace guardias civiles. Luego ya, un destino. El primer destino: o a las fronteras, o a las playas, o a las costas, o a rurales.

5 —Es un oficio durísimo. Tiene usted que decirlo y que recalcarlo.[18] Durísimo. Por eso hace falta una vocación a prueba de bomba. Con vocación, se lleva con gusto. Si no, imposible. Hay muchos que entran y se salen, porque no lo aguantan. Se marchan. Desde fuera se ve muy bonito, ¿sabe usted? No se 10 imagina uno lo que es. Yo tengo una vocación enorme, enorme, y me compensa todo. Yo vivo el oficio, y lo quiero, y el mismo rigor me atrae.

La pareja que vemos por los caminos tiene sus demarcaciones. Dentro de la extensión que debe recorrer, puede haber caseríos, 15 fincas, pueblos, montes, pinares... Buenas y malas zonas, lugares más o menos peligrosos. Se les releva, normalmente, cada ocho horas, pero no es extraño el tener que empalmar[19] veinticuatro horas seguidas, y hasta más. Hay veces en que se sabe cuándo se sale, pero no cuándo se regresa. En lugares de contrabando o bandidaje, 20 ellos hacen sus «apostaderos».

—Ponemos unas mantas entre matorrales,[20] bien escondidos, y ahí nos estamos.[21] A veces nos acercamos a un caserío, bebemos algo caliente, y echamos a andar hacia otros sitios...

La Guardia Civil, guste o no guste, funciona extraordinaria-25 mente bien. Su reglamento es de un tremendo rigor, de una severidad absoluta. Tienen, todos ellos, fama de dureza y, a veces, según algunas gentes, de brutalidad.

—¿Están ustedes de acuerdo?

Se miran un instante. El menos joven apura[22] su taza de café.

30 —Hombre, no. Brutalidad, no. Claro que, entre tantos como somos, habrá de todo. Eso es normal, ¿no? Eso pasa siempre:

[18] **recalcarlo**—ponerle énfasis

[19] **empalmar**—combinar (es decir, tiene que trabajar por veinticuatro horas o más) [20] **matorrales**—*thickets, bushes*

[21] **nos estamos**—nos quedamos [22] **apura**—termina de beber

donde se juntan muchos, sea en el oficio que sea, hay de todas clases. Unos serán más duros que otros. Severos sí somos, eso es cierto. Pero de severidad a brutalidad, hay diferencia.

Tienen un gran orgullo de pertenecer al «cuerpo». Y coraje para defenderlo. ¿Cuántas veces se ha referido García Lorca a la Guardia Civil? Hojeo el Romancero, y, por curiosidad, voy señalando los párrafos. 5

«Sobre las capas relucen
manchas de tinta y de cera.
Tienen, por eso no lloran, 10
de plomo las calaveras...»

—Menuda[23] leyenda, oiga. No nos miraba bien, no, el escritor...

«¡Ay, Federico García,
llama a la Guardia Civil...!» 15

—Tenemos muchos enemigos porque hay muchos delincuentes. Esos, nos odian. Se comprende. Pero nos quieren los demás, puede usted estar segura. Los que tienen la conciencia tranquila.

«Señores guardias civiles, 20
aquí pasó lo de siempre:
han muerto cuatro romanos
y cinco cartagineses...»

Lorca les hizo entrar en la leyenda. Los extranjeros —¡cuántas veces lo he visto!— se conmueven ante ellos.

—¡Una foto, una foto! ¡Por favor, una foto como recuerdo de España! 25

Como quien fotografía al «coco»...[24]

[23] **Menuda**—Véase la nota 1.

[24] **coco**—fantasma legendario que da miedo a los niños

Pero no se dejan, no pueden dejarse fotografiar. «Somos una fuerza pública —dicen—, que merece respeto.» Cuando les cogen desprevenidos, sí, claro, qué le[25] van a hacer... No van a romper la máquina[26] al turista en la cabeza.

5 ¿Y los gitanos, señores guardias civiles? ¿Qué pasa con los gitanos? La «pareja» se ríe al oírme. Claro. Es un tópico hablarles de los gitanos, pero... No sé evitarlo. (¡Ay, la influencia de Federico...!)

—Mucha literatura en todo eso —contestan—. Los gitanos 10 que roban o que matan, claro que nos huirán...

De todas formas, ellos, los civiles, están convencidos de que inspiran mucha más seguridad que miedo. También yo lo pienso.

La Guardia Civil nació, en 1844, por necesidad. El bandolerismo crecía y crecía, se apoderaba del país, y había que salirle al 15 paso[27] de alguna forma. En aquellos primeros tiempos, nuestros protagonistas trabajaban hasta sin sueldo. Su única meta, su único premio era combatir el bandidaje que infestaba los caminos, que asaltaba las diligencias[28] y las posadas, que cometía crímenes. Si el duque de Ahumada no hubiese fundado la Guardia Civil, se 20 habría tenido que crear cualquier otro «cuerpo» parecido. Era absolutamente indispensable su existencia.

—En esos años murieron muchos compañeros, muchísimos...

Según el Espasa-Calpe,[29] «la Guardia Civil es un instituto del Ejército, cuya misión es atender a la conservación del orden 25 público, a la protección de las personas y las propiedades, en poblado y despoblado, contra los malhechores; a la persecución de éstos y a prestar el auxilio que reclama la ejecución de las leyes».

Puede ingresarse en el cuerpo hasta los treinta y cinco años. 30 La jubilación voluntaria es a los cincuenta, y la obligatoria a los

[25] **le**—(no se traduce) [26] **máquina**—cámara

[27] **salirle al paso**—oponerse a ellos [28] **diligencias**—coches de caballos

[29] **Espasa-Calpe**—casa editorial (Se refiere al diccionario publicado por esta compañía.)

cincuenta y seis. Hace falta una salud excelente, una gran resistencia para ser guardia civil.

—El servicio más duro es el de noche en las playas, en las costas, en las fronteras. Es de sol a sol. De la postura del sol,[30] a la salida. En invierno, sobre todo; es durísimo. Trece horas de noche 5 se hacen largas, y con un frío... ¡Dan unas tiriteras![31] Yo, cuando estaba en ese servicio, me hartaba de beber café, café... todo el tiempo. Era la mejor forma de combatir el sueño y el frío. En las costas, hay por lo menos tres vigilancias durante las horas de servicio, y nunca sabemos cuándo van a aparecer los superiores. 10 Pueden presentarse en coche o andando. El teniente coronel y el coronel mismo aparecen a veces. No, no podemos hacer trampas;[32] echarnos un rato, sentarnos a descansar... No hay truco,[33] no.

Les envían, generalmente, a costas y a fronteras cuando salen de la Academia. Dos, tres, cuatro años. Luego, otros destinos, 15 diferentes servicios.

—¿Qué prefieren ustedes?

—A mí me gusta el servicio rural.

—A mí, mucho más el auxilio en carretera.

Es el mayor de los dos hombres quien habla ahora. 20

—Yo estuve en Navarra, en Segovia, en costas y en playas, en Madrid después, en servicio de aduanas del aeropuerto de Barajas.[34] Eso me gustaba mucho. El tiempo de Navarra fue lo peor, lo más difícil, porque eran los años de después de la guerra, y aquello estaba muy mal, muy peligroso. Expuse la vida en varias 25 ocasiones. Ahora me gustaría ir a auxilio en carretera, es precioso. Hay un control perfecto, funciona de maravilla ese servicio.

El comandante de puesto marca los servicios como crea conveniente. La pareja no es casi nunca la misma. Cambia con una enorme frecuencia. Deben caminar guardando las distancias, 30

[30] **la postura del sol**—al anochecer

[31] **¡Dan unas tiriteras!**—Le hacen temblar a uno.

[32] **hacer trampas**—hacer cosas deshonrosas [33] **truco**—modo de engañar

[34] **el aeropuerto de Barajas**—aeropuerto de Madrid

separados diez metros, cada cual a un lado de la carretera, sin distraerse, sin hablar. El reglamento es severísimo cuando se enfadan o se pelean entre ellos. Prohibidas las rencillas,[35] las enemistades. Hay que comportarse como caballeros. De lo 5 contrario, corren el riesgo de un traslado o, si el motivo es serio, de una expulsión.

—Claro, pequeños roces[36] siempre hay, pero pasan pronto... Nadie llega a enterarse.

Hacen la instrucción a diario. No pueden negarse jamás a un 10 servicio que se les encomiende, aunque sepan que van a correr un peligro grande. A veces, no demasiadas según me dicen, se ven obligados a sacar la pistola. Pero los dos hombres sentados frente a mí se niegan a responder a esta pregunta:

—¿La Guardia Civil dispara y mata con frecuencia?

15 En cambio explican:

—El año suele terminar siempre con alguno de nosotros muerto en acto de servicio.

Arden los troncos en la chimenea. Fuera, es ya noche cerrada. Suena el campo, hace ruido el campo: ladridos de perros, viento 20 en las encinas,[37] algún pájaro. La Guardia Civil tiene aquí su escenario perfecto. Me parece —¿por qué?— más auténtica.

—Lo peor para nosotros es actuar contra los delincuentes, se lo aseguro.

—Pero el oficio compensa —dice el joven—. El oficio, gus-25 tando,[38] es único.

Vocación. Los dos tienen una vocación a prueba de bomba. «Sólo así —repiten— se puede ser guardia civil.»

Ascienden por oposiciones.

—¿Llegar de guardia a general? Sí, claro; como poder, se 30 puede... Esforzándose muchísimo. Pero es difícil.

A pesar de la dureza del oficio hay más aspirantes que plazas libres. Se ríen cuando les pregunto si «el hábito hace al monje»,[39]

[35] **rencillas**—disputas [36] **roces**—pequeñas disputas, fricciones
[37] **encinas**—*oak trees* [38] **gustando**—si le gusta a uno
[39] **«el hábito hace al monje»**—*"Clothes make the man."*

si se «crecen» y se transforman al ponerse el uniforme.

—No, yo no... —dice el joven.

—Sí, algo sí se cambia, ¿eh? —le contesta el menos joven—. Es verdad que se cambia. Se es otra persona. Con el uniforme puesto, yo soy diferente, hasta tengo otro carácter. 5

—¿Y hablando de uniformes, cuántos necesitan?

—Tres. Con prenda de verano y de invierno. Y la capa. El de gala nos lo ponemos el día 12 de octubre, que es la Virgen del Pilar, nuestra Patrona. Y cuando salimos en procesión, también.

«Pasan sin querer pasar, 10
y ocultan en la cabeza
una vaga astronomía
de pistolas inconcretas.»

—Menuda leyenda...

«¡Oh, ciudad de los gitanos! 15
En las esquinas, banderas.
Apaga tus verdes luces,
que viene la benemérita.»[40]

—Representamos el orden. Inspiramos mucha más seguridad que miedo. ¿Miedo por qué? ¿A quién? Sólo a los delincuentes. 20

«La Virgen cura a los niños
con salivilla de estrellas.
Pero la Guardia Civil
avanza sembrando[41] hogueras.»

—La leyenda negra. ¡Qué cosa más ridícula! ¿No le parece a 25 usted?

[40] **la benemérita**—nombre que se da a la Guardia Civil
[41] **sembrando**—haciendo

Caminan todos los caminos de nuestra geografía. A pie o a caballo. Haciendo apostaderos o llegándose a las casas solitarias a dar las buenas noches y a tomarse un café. Vigilando. Aceptando cualquier servicio por muy peligroso que sea. Con obediencia 5 absoluta a sus superiores. Les han formado dentro del rigor más grande, dentro de la mayor severidad.

—La pareja... Ha llegado la pareja...

He escuchado el rumor miles de veces en el campo. Para aquellos que viven aislados, la aparición de la Guardia Civil es un 10 acontecimiento. Estos hombres imponen, impresionan, merecen respeto. Gusten o no gusten, funcionan perfectamente. Nacieron porque tenían que nacer, porque se hicieron, un buen día, necesarios. Y siguen siéndolo.

Capa verde, tricornio, estampa teatral, leyenda a cuestas: uno 15 a cada lado de la carretera, sin hablarse. Caminando.

I. Estudio de palabras

A. SINÓNIMOS

1. *el acontecimiento*—suceso, hecho
2. *acoger*—recibir
3. *exigir*—demandar, insistir
4. *el oficio*—la profesión
5. *recorrer*—atravesar, caminar por, andar por
6. *relucir*—brillar
7. *odiar*—detestar, aborrecer
8. *conmoverse*—emocionarse, sentir emoción
9. *ingresarse*—entrar
10. *hartarse*—cansarse

11. *comportarse*—conducirse
12. *enterarse*—averiguar, informarse
13. *encomendar*—delegar
14. *la plaza*—el sitio, empleo

B. DEFINICIONES

1. *partir*—dividir una cosa en dos o más partes
2. *el montón*—gran número
3. *la jornada*—el día de trabajo
4. *aprobar* (un examen)—salir bien
5. *el riesgo*—posibilidad de peligro o daño
6. *el traslado*—cambio de lugar
7. *las oposiciones*—exámenes para la obtención de un empleo
8. *la hoguera*—fuego grande
9. *aislado*—separado de los demás

C. PALABRAS USADAS EN CONTEXTO

1. *aguantar:* No puedo aguantar el calor del verano; por eso voy al campo.
2. *desprevenido:* El criminal no se daba cuenta de que le seguíamos, y le cogimos desprevenido.
3. *el sueldo:* Mi padre recibe un sueldo de trescientos dólares por semana.
4. *la jubilación:* En esta compañía, cuando un empleado llega a tener 65 años le obligan a retirarse; entonces le dan una fiesta para celebrar su jubilación.
5. *la aduana:* Al llegar a un país extranjero, tenemos que pasar por la aduana, donde se inspeccionan las maletas.
6. *disparar:* El policía sacó su pistola, la disparó y mató al criminal.

D. PALABRAS RELACIONADAS

1. la pareja (*par*): grupo de dos personas
2. el ejemplar (*ejemplo*): algo que sirve de buen ejemplo o modelo
3. arropado (*ropa*): cubierto con ropa
4. el caserío (*casa*): casa de campo o grupo de casas de campo
5. hojear (*hoja*): pasar o volver la hojas (páginas) de un libro

6. apoderarse de (*poder*): tomar posesión de
7. el malhechor (del verbo *hacer*): una persona que hace mal (bandido, criminal, delincuente)

E. MODISMOS

1. *al atardecer*—en el último período de la tarde
2. *llevar . . . años*—«Llevo cinco años aquí» = «Hace cinco años que estoy aquí.»
3. *hacer falta*—ser necesario
4. *de sol a sol*—desde el amanecer hasta el anochecer
5. *a diario*—todos los días
6. *de gala*—de lujo: «Los uniformes de gala se llevan en ocasiones especiales.»
7. *a cuestas*—sobre los hombros: «El hombre llevaba el paquete a cuestas porque era muy pesado.»

F. NOTA GRAMATICAL

La voz pasiva se usa menos en español que en inglés.

se les forma = son formados
se les hace guardias civiles = son hechos guardias civiles
se les releva = son relevados

Es más común usar el pronombre *se* con el verbo en tercera persona. En los siguientes casos no se permite la voz pasiva porque se trata de un complemento indirecto:

se les enseña	they are taught (one teaches to them)
un servicio que se les encomienda	a service that they are entrusted to do (a service that one entrusts to them)

II. Ejercicios

A. Verdad o Mentira: Si la frase está correcta, escriba Vd. la palabra «verdad»; si no está correcta, escriba la frase otra vez, corrigiéndola.

1. A la autora le gusta la Guardia Civil.
2. Para llegar a ser guardia, un hombre tiene que dominar el reglamento militar además del de la Guardia Civil.
3. No es difícil ser guardia.
4. Todos los que se hacen guardias se quedan en la profesión durante toda la vida.
5. En España la Guardia Civil funciona muy bien.
6. Los guardias siempre se dejan fotografiar.
7. Hasta los treinta y cinco años de edad un hombre puede hacerse guardia.
8. Una pareja de guardias se queda igual pasando de servicio en servicio.
9. Los guardias ascienden por oposiciones.
10. Hoy día hay menos hombres que quieren ser guardias que posiciones para ellos.
11. Hoy día la Guardia Civil es tan necesaria como antes.
12. Los guardias riñen mucho entre sí.

B. Complete Vd. las frases con las palabras que faltan.

1. El amigo de la autora es de _______.
2. Fuera de España la Guardia Civil tiene _______ fama.
3. Según los guardias, sólo se elige este empleo por _______.
4. El día de trabajo de un guardia dura desde _______ hasta _______ horas.
5. Según el guardia joven, el «cuerpo» tiene enemigos porque hay muchos _______ en el país.

6. El que les hizo a los guardias entrar en la leyenda era ______.
7. Todos los turistas extranjeros quieren sacar ______ de los guardias.
8. Se formó la Guardia Civil en el año ______ a causa del ______.
9. El que fundó el cuerpo era el ______.
10. Un guardia tiene forzosamente que jubilarse a los ______ años de edad si no lo ha hecho ya voluntariamente a los ______ años.
11. La Patrona de la Guardia Civil es ______.
12. La Guardia Civil representa el ______ en España.
13. Para ser guardia un hombre tiene que ______ el oficio.
14. La Guardia Civil tiene fama de ______.
15. La obra de Lorca que les ha dado fama a los guardias es el ______.

C. Preguntas sobre el contenido: Conteste en frases completas.

1. ¿Cómo imagina la autora la pareja de guardias?
2. Según esta obra, ¿qué opinión tiene de la Guardia Civil la gente española del campo?
3. ¿Cuál es la actitud del amigo de la autora hacia la Guardia Civil? ¿Por qué es así?
4. ¿Qué tiene que hacer un hombre para llegar a ser guardia?
5. ¿Cómo viven los guardias en casos de contrabando o bandidaje?
6. ¿Cuáles son las relaciones de los guardias con los gitanos y por qué son así?
7. Describa Vd. los comienzos de la Guardia Civil.
8. ¿Cómo define el diccionario la Guardia Civil?
9. ¿Cuál es el servicio más duro de un guardia y por qué es tan duro? ¿Por qué no hay trucos posibles para los guardias?
10. ¿Cuáles han sido los servicios del guardia mayor y cuál prefiere? ¿Por qué?
11. ¿Cuántos uniformes tiene cada guardia? ¿Por qué? Descríbalos.
12. ¿Dónde tiene lugar la entrevista entre la autora y los guardias?

D. Vocabulario y modismos: Las ideas y expresiones siguientes sugieren palabras que se hallan en el «Estudio de palabras». Escoja Vd.

la palabra o palabras sugeridas en cada caso. (*Nótese:* En algunos casos, puede haber más de una respuesta correcta.)

1. el viaje a la luna
2. para protegernos del frío del campo
3. «¿Tiene usted algo que declarar?»
4. Esta persona ha cometido un crimen.
5. contrario de «amar»
6. buen resultado de muchas horas de estudiar
7. difícil de encontrar a veces
8. Rosa y Juan
9. Ocho horas son suficientes.
10. cruzar la calle con la luz roja
11. En verano dura más tiempo.
12. hora de salir de la playa
13. Hay mucha competencia.
14. Le gusta vivir así porque no quiere tener vecinos.
15. lo que hacen los diamantes
16. Los turistas van a ______ la ciudad.
17. Quiere ver si vale la pena leer ese libro.
18. Hay que ______ el pastel para que todos podamos comerlo.
19. Los padres a veces lo hacen demasiado.
20. Al niño le gusta que su padre le lleve así.

E. Temas Literarios

1. Tanto el guardia civil como el sereno contribuyen a la paz y seguridad del país. ¿Cuál es el papel de cada uno? ¿Cómo se parecen y qué contrastes hay entre los dos?
2. En un lugar el guardia joven dice:

   —Hombre, no. Brutalidad, no. Claro que, entre tantos como somos, habrá de todo. Eso es normal, ¿no? Eso pasa siempre: donde se juntan muchos, sea en el oficio que sea, hay de todas clases. Unos serán más duros que otros. Severos sí somos, eso es cierto. Pero de severidad a brutalidad, hay diferencia.

¿Cómo contribuye esta cita a hacer más universal y más «normal como hombre» a la figura del guardia civil?

3. Compare la Guardia Civil y el sistema federal de policía de su país.
4. ¿Cómo sirven los últimos párrafos, desde la frase «Caminan todos los caminos de nuestra geografía» hasta el final, a darnos un resumen de toda la obra? ¿Es ésta una buena manera de terminar una obra? ¿Por qué?
5. En esta obra la autora usa muchos recursos estilísticos, por ejemplo, el diálogo, las narraciones, los puntos suspensivos y los de citación, etc. Haga Vd. una lista de todos los recursos que emplea y dé un ejemplo de cada uno.
6. Los «Tipos de ahora mismo» tratan de la vida española del día. Además de lo que dice este capítulo específicamente de la Guardia Civil, ¿qué ha aprendido Vd. de otros aspectos de esta vida o cultura española de hoy? Dé ejemplos al contestar.

El guía turístico

Dentro de una misma profesión hay, muchas veces, profesiones distintas. Un único nombre define cosas que apenas tienen algo en común. ¿Cómo pueden llamarse igual el gran fotógrafo y el fotógrafo ambulante que se esconde tras su cajoncillo de madera gastada? ¿Y cómo podré yo hacer para ofrecerles hoy este estupendo personaje del guía turístico? ¡Hay tantas clases de guía!... La misma palabra define al hombre culto, preparadísimo, que viaja con grupos a países extranjeros, y al tipo «inefable»[1] que enseña a los turistas una catedral provinciana o un museo de pueblo diciendo todos los disparates posibles, inventando o transformando hechos, cambiando nombres y confundiendo siglos...

Para que todo quede muy claro, voy a dividir en cuatro grupos el oficio de guía. Y a poner a cada cual en el «casillero»[2] que le corresponde.

1.°—El guía de lujo, el rey de los guías turísticos. El hombre que se mueve en un escenario «internacional», siempre fuera de España, al frente de grupos que recorren el mundo.

2.°—El guía de primera clase, que vive aquí y hace lo contrario del anterior: enseña España al turista llegado de fuera. Es culto, inteligente. Habla idiomas. Sabe «de qué va»[3] y pisa firme. El nombre le cuadra mejor que a ninguno.

3.°—El guía de «segunda división». El papagayo. Ese que

[1] **inefable**—imposible de describir con palabras [2] **«casillero»**—categoría
[3] **Sabe «de qué va»**—Sabe bien lo que hace

conocemos tan bien, que hemos encontrado desde siempre en museos pequeños, en catedrales y en palacios, y que recita, casi sin respirar, su lección aprendida.

4.°—El «espontáneo» de la profesión. El que se tira al ruedo y da capotazos[4] a su aire.[5] El guía que se llama guía porque... porque sí. Está lleno de gracia, de chispa. Es disparatado. Habla de cualquier cosa con tal de hablar. Afirma barbaridades. Convierte la Historia de España en una Historia especial que él ha inventado. Cuenta anécdotas prodigiosas, cambia nombres, embarulla[6] siglos. Juega al ajedrez con el Rey y la Reina. Mezcla épocas. Asegura que la mujer de Carlos III fue una princesa que existió doscientos años antes... ¿Qué importa? La cuestión es hablar.

No quisiera dejar en el tintero, una vez hecha la selección de este tipo, al niño guía. Al que ha nacido y crece en lugares puramente turísticos. Luego, cuando sea mayor, será o no será «del gremio».[7] Pero jugó, entre extranjeros, a «enseñar las bellezas de su ciudad». No tuvo camiones de madera, ni escopetas falsas. Aprendió, en cambio, las mil pillerías,[8] las mil trampas[8] necesarias para «sacar perras»[9] al turista. Es casi una forma de mendicidad. Con una mano señala al frente y dice: «La Alhambra, míster». Como quien presenta a dos personas que no se conocen. La otra mano, tendida, espera la propina.

El príncipe Yusupof cuenta esta misma anécdota en sus Memorias. Paseando las calles de Nápoles, un muchacho le abordó para exclamar con énfasis: «El Vesubio». Señalaba el famoso volcán y abría la mano para recibir unas cuantas monedas.

Del guía de lujo podrían escribirse muchas páginas. Existe ya un libro genial, *Las maletas sobre el autocar,* cuyo autor es inglés y perteneció a la profesión. Siempre me ha apasionado oír contar «sus historias» a mis amigos los guías. He viajado dos veces en

[4] **se . . . capotazos**—lo que hacen los toreros
[5] **a su aire**—de su propia manera [6] **embarulla**—confunde
[7] **gremio**—sociedad o unión de trabajadores
[8] **pillerías, trampas**—modos de engañar
[9] **«sacar perras»**—obtener dinero

grupo. He visto de cerca la difícil, la admirable labor que ellos hacen. Cuarenta, cincuenta personas reunidas son —lo creo firmemente— el peor de los suplicios[10] para quien las dirige. Nada hay tan temible como una masa humana recorriendo países extranjeros. El fenómeno curioso se produce: la mentalidad cambia como por arte de magia y, sin darse apenas cuenta, esas personas se sienten ovejas de rebaño. Salvo excepciones, por supuesto, ya no actúan ni deciden por sí mismas. Son niños pequeños llevados de la mano. Ahí está el jefe, el guía, para solucionarlo todo. Cuanto ocurra a partir del momento en que el avión despega, es cosa suya. Y cuando España queda atrás, el grupo se aprieta[11] alrededor del pastor, se siente indefenso y pide ayuda.

El personaje de guía turístico es una mezcla de institutriz[12] francesa, de pastor de cabras, de ama de cría y de diplomático. Se le exije todo. Nada se le perdona. Tiene algo de infalible. No puede —¡eso no se concibe!— equivocarse. Piensa, decide, soluciona, organiza, hace y deshace. El rebaño pisa el camino por sus mismas pisadas. Y si tropieza, sólo del jefe es la culpa... ¡Qué curiosa transformación! En grupo se decide «no decidir», no ocuparse de nada ni preocuparse por nada, no hacer esfuerzos. Lo convenido fue eso desde un principio: ponerse en otras manos, dejar pensar a otra cabeza. He visto con mis propios ojos convertirse en niños o en borregos[13] personas consideradas como inteligentes. Y quizá sea fácil de entender. Quizá esas personas necesiten descansar y encuentren demasiado fuerte la tentación de dar vacaciones al cerebro, de sentirse insoportablemente irresponsables, de dejarse arrastrar.

Yo pediría una estatua para el guía turístico... ¿No existen monumentos al maestro de escuela, al pastor o al médico rural?

Cuando se sale de España en un viaje colectivo, la figura del guía se agiganta, se transforma en un mago capaz de lograrlo

[10] **suplicios**—tormentos, tortura

[11] **se aprieta**—se agrupa, forma un grupo

[12] **institutriz**—mujer que cuida a los niños [13] **borregos**—*lambs*

todo, de allanar[14] cualquier camino. Desaparecen esas mil pequeñas incomodidades de aduanas, de pasaportes, trámites, ventanillas, equipajes... Se vuela de un lado a otro, se aterriza en éste o en aquel aeropuerto, se llega al hotel sin preocuparse de nada. De nada. ¿A quién le amarga un dulce?[15] «Uno, dos, tres, diecisiete, veintidós, cuarenta y cuatro...» El guía hace su recuento. «Me faltan dos personas... ¿Dónde se ha metido el matrimonio Alonso?...»«Cuarenta y seis, cincuenta...» Va entregando las llaves de las habitaciones correspondientes.

—Oiga, ¿por qué ascensor tengo que subir?

—Oiga, ¿dónde puedo comprar postales?

—Oiga, ¿cómo se pide, en este idioma, papel de escribir?

La paciencia del guía es admirable. A veces, naturalmente, explota.

—¡Señora, señora!... ¿Es que no ve allí, allí mismo, el ascensor? ¿Es que no se da cuenta de que en esa mesa hay papel de escribir...?

—Oiga, es que yo...

—Oiga...

Las preguntas más increíbles, los «problemas» más ridículos, las quejas más asombrosas le son dirigidas. Es responsable —¡ay, pobre guía!— hasta del sol o de la lluvia.

Un monumento. Yo pido un monumento para él.

Vamos a pasar ahora al segundo tipo de guía. Al contrario. A ese que lleva las ovejas extranjeras por los caminos españoles. También él podría escribir un gran libro de Memorias. No se le ha dado, yo creo, la categoría que merece. Suele ser el más perfecto de los diplomáticos, el mejor de los toreros... Da pases con la derecha y con la izquierda, espera al animal de rodillas, en el centro del ruedo; sabe por dónde entra mejor ese toro, si hace extraños,[16] si embiste[17] noblemente... Nuestros guías han hecho

[14] **allanar**—hacer más fácil

[15] **¿A . . . dulce?**—¿Quién no estaría contento?

[16] **hace extraños**—se espanta, le da miedo [17] **embiste**—ataca

más por España que muchas personas que se vanaglorian de ello. En sus manos están los turistas, sólo en sus manos. Todas las preguntas —con buena o con mala intención— les son dirigidas. Y de sus palabras depende la idea que se llevarán luego a sus respectivos países. 5

—¡Si tú supieras —me contaba un ex guía, buen amigo mío— los equilibrios que tenemos que hacer a veces!... Estamos sobre una especie de cuerda floja. Durante los años que siguieron a nuestra guerra era tremendo. ¡Qué cosas pretendían saber!... ¡Qué preguntitas!... Y al final, nunca entendían nada. Expli- 10 carles, por ejemplo, el Alcázar de Toledo era trabajo de chinos. Cuando creías haberlo dejado todo muy, muy claro, decían: «¡Ah, ya! El hijo de Moscardó era rojo, y entonces su padre... Y el teléfono...»[18] Era inútil. No se enteraban. Terminábamos por arrastrarles a ver el panorama, que era, en realidad, lo único que 15 querían. Y no por ellos mismos, sino por las fotografías que después enseñarían en Ohio o en Arkansas...

Sí, les importaban más que nada sus fotografías. Sin detenerse a mirar un paisaje, o una plaza bonita, o un rincón típico, colocaban la máquina[19] ante sus ojos y disparaban. Y hacían al 20 guía preguntas como éstas: «¿Qué diafragma[20] suelen poner los turistas para hacer esta «picture»? ¿Sale bien la foto desde este ángulo? ¿Cree usted que podrá caberme entera la catedral?...»

El guía debe saberlo todo: del diafragma al estilo barroco. Del nombre de la cuarta mujer de un Rey, al producto sembrado 25 en aquel campo...

—Pretenden que seamos una enciclopedia viviente.

Los alemanes y los japoneses preguntan cifras exactas, estadísticas, metros cuadrados.

—Esta iglesia, ¿cuánto mide?... 30

Los americanos quieren saber el nombre de un árbol determinado, de un pájaro que cruza, de una cosecha.

[18] **«El hijo . . . teléfono . . .»**—Se refiere a un incidente que ocurrió durante el sitio (*siege*) del Alcázar en la Guerra Civil de 1936–39.

[19] **la máquina**—la cámara [20] **diafragma**—*camera setting or opening*

—Cuando no sabemos esos nombres, contestamos otros parecidos. Porque el turista no admite el silencio o la duda. Protesta y dice que «el guía no está capacitado». Damos el nombre del árbol, del pájaro o de la siembra... Equivocado si es preciso,[21] pero nunca hay que callarse. El «grupo» trae, desde un pueblecito de Estados Unidos, su «tour» organizado, donde todo, todo, está comprendido.[22] El sol, garantizado. Y las respuestas del guía.

El extranjero pregunta siempre cuánto gana el obrero español y cómo vive. Y cuánto gana un arquitecto o un médico. Y cómo viven.

—Un burro atravesando un sendero es capaz de detener un autocar cargado de turistas —me decía mi amigo—. Se vuelven locos. «¡Pictures! ¡Pictures!». Lo fotografían desde todos los «ángulos». Les atrae como puede atraerte a ti la vaca sagrada de la India, o el búfalo...

Las cosas que el guía observa, las escenas que presencia, las palabras que escucha podrían llenar miles de páginas.

—A raíz de la película[23] de Charlton Heston, *El Cid*, me llegaban americanos pidiendo visitarle, conocer su pueblo y su casa... Queriendo saber qué edad tenía actualmente y si se encontraba bien...

Se pierden en la Historia. Y en los siglos.

—¿Vive todavía el Greco en esta misma casa o tiene otra ahora?

Lo preguntó, en Toledo, una extranjera. Y mirando a los copistas del Museo del Prado, un norteamericano dijo al guía: «¿Qué harán con los cuadros antiguos cuando estos nuevos estén terminados y los cuelguen?»

Un matrimonio, citado con su guía a las once de la mañana para visitar la ciudad, empezó a discutir saliendo del hotel:

—Estamos en Viena.

[21] **preciso**—necesario [22] **comprendido**—incluído
[23] **A raíz de la película**—Después de ver la película

—¡Que no,[24] «darling», que hoy es Lisboa!...

—Te repito que es Viena.

El guía pensó que se trataba de una broma. Hasta que vio al marido sacar su programa y constatar: «Día 25 de abril: Madrid».

—¡Madrid, querida, estamos en Madrid! Lisboa es el veintisiete. 5

El guía suda tinta china[25] cuando tiene que traducir un piropo, un refrán castellano o una letra flamenca.

—Es muy, muy difícil la traducción, señora...

—¡Oh, no! Translate, translate! 10

—«Dices que no vas a verla, pero la vereita no cría hierba»...[26]

Sale siempre airoso.[27] Nuestro guía tiene «tablas»,[28] tiene imaginación.

—Oiga, ¿por qué la bailaora flamenca se arrima al cantaor, y parece que le va a besar, y de pronto da un salto y se marcha?... 15 ¿Qué le pasa?

No sé qué explicación encontrará el «pastor» para darle a su rebaño.

El guía habla un idioma especial con los grupos hispanoamericanos. Sabe qué palabras no pueden pronunciarse ante un 20 argentino, un chileno o un peruano. Debe aprender también la dificilísima habilidad de parecer imparcial cuando se «tocan» ciertos temas (política, religión) y contestar, sin embargo, a lo que le preguntan con las palabras que quiere hacer entrar en la mente del turista. 25

A veces, pierde la paciencia y salta. Se esfuma[29] su diplomacia cuando el extranjero tiene una carga demasiado grande de mala idea,

[24] **Que no**—Seguro que no

[25] **suda tinta china**—suda muchísimo

[26] **«Dices . . . hierba»**—Esta frase pertenece a unas coplas flamencas populares que suelen cantar los gitanos y flamencos. «Vereita» es un diminutivo andaluz de «vereda» que significa «camino muy estrecho».

[27] **airoso**—con éxito [28] **tiene «tablas»**— está seguro de sí mismo

[29] **Se esfuma**—Desaparece

de mal gusto. Y, en mil ocasiones, se rompe la cara por España.[30]

Conozco una anécdota muy graciosa acerca del «patriotismo» de ciertos guías. Un turista francés quería saberlo todo de las guerras entre moros y cristianos, de los árabes que habitaban
5 España, etc.... El guía contestaba siempre: «En aquella ocasión, ganamos nosotros». Desesperado, el francés exclamó:

—¡Pero, bueno! ¡Según usted los árabes no ganaron nunca las batallas!...

La respuesta, categórica, fue la siguiente:

10 —Mire, no se moleste: mientras yo esté de guía no van a ganar ninguna.

Gran personaje nuestro guía turístico. Mezcla extraordinaria de equilibrista, de diplomático, de político, de torero.

Insisto: ¿Por qué no tiene su estatua en cualquier plaza de
15 cualquier ciudad del país?

El guía de segunda división es, quizá, el menos interesante. Es el que vive entre las paredes de un único lugar. El que enseña el convento, el museo, la casa donde nació el gran hombre, el palacio. Que no le saquen de ahí... Le pusieron delante de una larga lección
20 que tuvo que aprender palabra por palabra, y que repetirá cada día, durante muchos años, con las mismas pausas y el mismo tono. Guarda en su cabeza una cinta magnetofónica llena de fechas y de nombres. Nunca se equivoca. «Este es el salón del Trono... Durante dos siglos...» Su voz es monocorde. Habla como ausente,
25 pensando, quizá, en los plazos de la lavadora, mientras se refiere al «tocador prodigioso de la Reina María Luisa, todo labrado en oro...». Señala a derecha y a izquierda, parecido a un autómata: «Ahí, una magnífica pieza de cristal de Bohemia, regalo del rey de Francia a Carlos IV...» (Los plazos, la letra por pagar, el
30 sueldo tan pequeño...) «Frente a nosotros, un reloj del siglo XV, con incrustaciones de nácar...»[31] Cada día, durante muchos años,

[30] **se rompe la cara por España**—defiende a España

[31] **nácar**—*mother-of-pearl*

recitará esa misma, esa exacta lección. Sin añadir un punto o una coma. «Si se colocan ustedes cerca de la ventana podrán observar el efecto de la luz en el espejo... » (Qué sueldo tan pequeño... No llega a fin de mes. Y el menor de los hijos, al que no hay manera de encarrilar...[32] Y los plazos...) A veces habla de Felipe II como 5 si se hubiesen «criado juntos», con una total familiaridad. «Al Rey le gustaba sentarse aquí... » Si se nos ocurre preguntar por aquel objeto que está cerca del jarrón de Sèvres,[33] el guía, asombrado, se encoge de hombros. Eso no está previsto. No «viene» en la lección aprendida. 10

Nuestro último personaje es el «espontáneo». Tipo inefable, lleno de gracia y de picardía. Insensato, charlatán, disparatado, capaz de contar las mayores barbaridades con tal de no cerrar la boca. Da su propia versión de los hechos. Sabe por qué El Greco estaba triste cuando pintó aquel santo, qué quiso decir al poner 15 esa flor en la esquina del lienzo, cómo se le ocurrió hacer el plano de Toledo... Y, eso sí, mezcla los siglos y los nombres como quien prepara un coctel.

Para el guía —«espontáneo», por supuesto— de cierta ciudad alcarreña,[34] todo era «del trece».[35] ¡En la duda!... Sin embargo, 20 uno de sus colegas de Segovia pensaba que las cosas serían mejores cuanto más altas las cifras del siglo. Por eso enseñaba la catedral afirmando:

—Del veinticuatro.

La señora que oyó estas palabras no dio muestras de asombro. 25 Quiso seguir el juego y, muy seria, con absoluta naturalidad, exclamó:

—¡Ah!... ¿Tanto?

Lleno de orgullo, el hombre volvió a decir:

[32] **encarrilar**—guiar, dirigir
[33] **Sèvres**—ciudad de Francia, famosa por su porcelana
[34] **alcarreña**—de la Alcarria, región de Castilla la Nueva
[35] **del trece**—es decir, del siglo trece

—Tanto, ya lo creo. Del siglo veinticuatro.

Los guías andaluces llaman «ingré» a cualquier extranjero, venga de donde venga. En cierta ocasión, uno de esos «ingreses» pidió ver la Alhambra de Granada al anochecer.

5 —Es «mu»[36] tarde, míster. Mejor mañana, con buena luz...

—¡No, no! Yo querer ver los «liones»[37] de la Alhambra. Ahora.

—¡Que se ven «mu» mal, míster, que se lo digo de verdad! Ahora se va usted de zambra,[38] ¿me entiende? Le preparo yo 10 una zambra de esas que quitan el «sentío».[39] Y mañana vamos a donde usted quiera...

—Los «liones». Yo quiero los «liones».

Un gitano que presenciaba la escena se desesperó ante la tozudez[40] del turista. Y aconsejó a su amigo:

15 —¡Venga ya, hombre! ¡Dile al «ingré» que ahora no hay leones... Que están con calentura!

El «espontáneo» habla sus palabritas de «extranjero». Para él no hay francés, inglés, o italiano. Hay «extranjero», que es un compuesto de todos los idiomas que escucha.

20 —Come in, madame... Por aquí. Look, look, esto ser muy typical... ¡Molto bello! ¿Capito?[41] ¡Very beautiful!...

Este tipo de guía crece y se multiplica en España. Es un personaje fuera de serie, a quien yo pagaría por escuchar. («Hable, hable... Diga usted lo que quiera, pero diga cosas... ») 25 Tiene eso que llamamos «ángel». Confunde a Isabel la Católica con Isabel II, y a todos los reyes cuyo nombre fue Carlos, y a los grandes artistas, y a los políticos célebres. Habla del siglo XIII o

[36] **mu**—muy, en dialecto andaluz

[37] **Yo querer . . . liones**—mal español hablado por los turistas

[38] **se va usted de zambra**—va usted a tener una celebración

[39] **sentío**—sentido, en lengua andaluza

[40] **tozudez**—obstinación

[41] **Molto bello, capito?**—en italiano, quiere decir «muy bello, ¿ha comprendido?»

del XXIV. ¿Qué importa? Puede permitirse ese lujo: su gracia lo sustituye todo.

El guía turístico. ¡Qué gran oficio! Para los dos primeros «ejemplares» de los que hemos hablado hoy, pido —¿me perdonan la insistencia?— un monumento. 5

I. Estudio de palabras

A. SINÓNIMOS

1. *el disparate*—la tontería, la estupidez (Véase *disparatado* en la sección C, «Palabras relacionadas».)
2. *el oficio*—la profesión
3. *recorrer*—andar, caminar o viajar por
4. *la barbaridad*—inhumanidad, crueldad, gran tontería
5. *señalar*—indicar
6. *exigir*—demandar, insistir
7. *pretender*—ambicionar, tratar de
8. *enterarse (de)*—averiguar, informarse (de)
9. *la cifra*—el número
10. *el obrero*—trabajador
11. *el refrán*—proverbio
12. *arrimarse*—acercarse
13. *el asombro*—la sorpresa
14. *la calentura*—la fiebre

B. DEFINICIONES

1. *ambulante*—que va de un lugar a otro
2. *pisar*—poner el pie sobre alguna cosa (Véase *pisada* en la sección C, «Palabras relacionadas».)

3. *el papagayo*—ave que aprende a repetir palabras o frases enteras
4. *el ruedo*—arena de la plaza de toros
5. *la oveja*—el animal del cual se obtiene la lana
6. *el rebaño*—grupo de animales, especialmente de ovejas
7. *despegar*—acción del avión de salir de la tierra
8. *equivocarse*—cometer un error
9. *soler*—acostumbrar, ser frecuente: «Mi profesor suele dar exámenes los viernes.»
10. *presenciar*—estar presente, asistir a
11. *actualmente*—en el tiempo presente
12. *la letra*—las palabras de una canción
13. *el plazo*—límite de tiempo o término que se da para pagar una cosa
14. *el sueldo*—el dinero que se gana durante un tiempo fijo
15. *el ejemplar*—algo que sirve de ejemplo o modelo

C. PALABRAS RELACIONADAS

1. culto (*cultura*): Una persona culta tiene cultura.
2. disparatado (*disparate*): tonto o estúpido
3. la mendicidad (*mendigo*): condición de mendigo, acción de mendigar
4. la pisada (*pisar*): acción de pisar, señal que deja el pie al pisar
5. el mago (*mágico*): el que ejerce cosas mágicas o magia
6. aterrizarse (*tierra*): acción del avión de llegar a tierra (Véase *despegar* en la sección B, «Definiciones».)

D. UNA COSTUMBRE ESPAÑOLA: «EL PIROPO»

Cuando un hombre pasa por la calle y ve a una mujer que le atrae, le dice algo como «¡Qué bonita!» o «¡Vaya una muchacha!», etc. Esta costumbre de dar o echar «piropos» es típicamente española y muchas veces es interpretada mal por las mujeres extranjeras. En cambio, la mujer española está muy contenta de recibir estas frases de lisonja (*flattery*).

II. Ejercicios

A. Verdad o Mentira: Si la frase está correcta, escriba Vd. la palabra «verdad»; si no está correcta, escriba la frase otra vez, corrigiéndola.

1. Según la autora, el nombre «guía turístico» le cabe mejor al español profesional que muestra España a los extranjeros.
2. El libro mencionado por la autora, el que trata de los guías, *Las maletas sobre el autocar*, fue escrito por un español.
3. Según la autora, un grupo de turistas en un país extranjero es algo de temer.
4. Las personas no se cambian al salir de su país para «recorrer mundos» en grupos.
5. Las personas viajan en grupos porque quieren decidirlo todo por sí mismas.
6. Lo que les es más importante a los turistas en España es sacar fotos en vez de ver y entender lo que hay en el país.
7. El guía español suele enfadarse solamente cuando se trata de la fama de su país.
8. Según la autora, el guía más interesante es el que muestra un solo sitio a los turistas día tras día.
9. Al viajar en grupos, los turistas le consideran al guía responsable del buen tiempo o del mal tiempo.

B. Complete cada frase con la palabra o las palabras necesarias:

1. Para el guía espontáneo, lo más importante es ______.
2. El tipo de guía que se parece en parte a los mendigos es el ______ guía.
3. La autora sabe del trabajo del guía «de lujo» porque ha viajado ______ veces en grupos.
4. Los turistas en grupos se dejan ______ por el guía.
5. La autora quiere que se construya una ______ a los guías profesionales.

6. Más que nada, un guía turístico necesita tener ______.
7. La queja más grande de los guías españoles es que los extranjeros no ______ nada.
8. El guía turístico tiene que ser una ______ ambulante.
9. Lo más difícil para un guía español es traducir un ______ o un ______.
10. El guía de un solo lugar parece hablar como si guardara en su cabeza una ______ de su discurso.
11. Los guías andaluces llaman ______ a cualquier turista extranjero.

C. Preguntas sobre el contenido: Conteste en frases completas.

1. ¿Cuáles son las cuatro clases del guía turístico español?
2. ¿Cómo describe la autora a los turistas que viajan en grupos? ¿Para qué les sirve el guía?
3. ¿Qué creen los del grupo del guía? ¿Qué es lo que no puede hacer nunca el guía?
4. ¿Por qué dice la autora que los guías que llevan a los extranjeros a través de España han hecho más por el país que ningún otro habitante? ¿Por qué es la profesión tan importante hoy día en España?
5. ¿Qué quieren saber los turistas alemanes y japoneses en España? ¿Y los americanos?
6. ¿Qué es lo que no admite el turista con respecto al guía?
7. ¿Qué preguntas hacen los extranjeros sobre la vida española?
8. ¿Cuáles son los efectos del cine en los guías y en los turistas?
9. ¿Cuáles son las preocupaciones principales del guía español ante un grupo de hispanoamericanos?
10. Describa al guía «espontáneo». ¿Cómo es diferente de los otros tipos de guía?
11. ¿Cuál es la lengua de los guías espontáneos?
12. ¿Por qué perdona la autora las faltas del guía espontáneo? ¿Se las perdonaría Vd.? ¿Por qué?
13. En este artículo, la autora pone varias cosas en inglés. ¿Por qué?

D. Vocabulario: Las ideas o expresiones siguientes sugieren palabras que se hallan en el «Estudio de palabras». Escoja Vd. la palabra o palabras sugeridas en cada caso.

1. lo que nos gustaría hacer después de un largo vuelo en el aire
2. 28, 39, etc.
3. el pastor y su ______.
4. no tener razón
5. hoy día
6. las acciones de una persona tonta
7. Se prohibe ______ la hierba.
8. maestro, abogado, etc.
9. Muchas personas pagan así.
10. muy popular entre los niños
11. ¡Cuidado, que lo va a repetir!
12. ¡Qué horrible!
13. Le gusta visitar los museos y ver obras dramáticas; es muy ______.
14. contrario de alejarse
15. El niño la tiene y guarda cama.
16. turista que tiene prisa

E. Temas literarios

1. En su opinión, ¿cuál es la función principal de un guía turístico? ¿Cómo cumple con esta función cada uno de los cuatro tipos de guía descritos aquí?
2. Escriba Vd. una descripción de un turista típico, discutiendo sus problemas, actitudes, intereses, etc.
3. La autora empieza el artículo diciendo: «Dentro de una misma profesión hay, muchas veces, profesiones distintas. Un único nombre define cosas que apenas tienen algo en común.» Dé Vd. ejemplos para probar lo verdaderas que son estas frases.
4. ¿Cuál es el significado de la escena entre el turista, el guía andaluz y el gitano? ¿Por qué le es importante al guía la zambra y al turista le son más importantes los leones? ¿Cree Vd. que la solución del gitano sea buena? ¿Qué nos dice de él? ¿Qué aprendemos de estas líneas acerca del uso del idioma de los andaluces?

5. Compare al «guía de un único lugar» con el protagonista del cuento «Jacinto Contreras»: en su opinión, ¿cuál tiene un empleo más interesante? Explique.
6. Si Vd. fuera turista en España, ¿qué ciudades visitaría y qué cosas dentro de ellas querría Vd. que le mostrara su guía? ¿Qué querría saber de cada lugar de interés? ¿Cuál de los cuatro tipos de guía preferiría que le acompañara a Vd., y por qué?

La señora «de los lavabos»

La mustia, la pálida, la aburrida señora «de los lavabos...».

¿Cómo puedo excluirla de los tipos actuales, si me ha impresionado desde siempre? No, no es de «ahora mismo», ya lo sé. Pertenece a una serie de personajes que se escapan, que agonizan entre la azafata y el «relaciones públicas», junto a la «go-gó girl» 5 y al sociólogo... Viven —y se ahogan— en un mundo que lanza cohetes a la Luna. Son seres perdidos, errabundos[1], que se resisten a desaparecer, que se abren paso a tientas.[2] Languidecen[3] sus oficios, y los nombres de esos oficios no tardarán en hacernos sonreír con nostalgia infinita: organilleros, castañeras, fotógrafos 10 ambulantes, botijeros, serenos, aguadores...

Viven todavía entre nosotros. Todavía. Mañana —un mañana que es casi hoy— se habrán borrado definitivamente, y tendremos el recuerdo de los viejos oficios que existieron ayer.

No puedo dejarlos aparte. Son —aunque no sean— de «ahora 15 mismo», porque ahora mismo respiran. Y abro para ellos la puerta de esta «Galería», y les pido que ocupen su puesto. Ahí: entre el «disc-jockey» y la propietaria de una «boutique» de moda.

Alguien trataba de explicarme, hace poco tiempo, lo solicitado 20 que está el puesto de «señora de lavabos».

—Hay verdaderas colas de mujeres que esperan ocupar el sitio vacante....

Yo no comprendía, no podía comprender.

[1] **errabundos**—que viajan de un lugar a otro

[2] **a tientas**—con dificultad

[3] **Languidecen**—Pierden vigor

—¿Es posible? ¿Quién puede luchar por ese oficio? ¿A quién puede gustarle?

Ocupar la silla pequeña, la silla de madera gastada y sucia de los lavabos del cine Z, significa para nuestra «heroína» lo mismo
5 que para el oficinista haber ascendido en el escalafón.[4] El día que trae las palabras mágicas: «Señora López, puede usted hacerse cargo de los servicios de...» es un auténtico día de fiesta.

—¿No te das cuenta de que está lleno de ventajas? —me aseguraba el «entendido en la materia»[5] sin lograr convencerme—.
10 Primero, descansadísimo. Esa mujer puede hacer labor,[6] puede leer una novelita... Puede oír la radio. Está sentada, cómoda. El sueldo... no es grande, naturalmente, pero las propinas... Siempre es una buena ayuda.

No. Mi amigo no lograba convencerme de las «increíbles
15 ventajas» de la señora de los lavabos. Poco trabajo, de acuerdo. Pero... Sí, descansadísimo. Pero... La radio, la novela, la labor. Pero... Y escribo esta palabra con mayúsculas: PERO...

El mundo de nuestro personaje es, ante todo y sobre todo, un mundo feo. Un mundo feo rodeado de objetos feos, de olores
20 feos, de ruidos feos. Como decorado el papel higiénico, las paredes desconchadas,[7] las bombillas encendidas desde por la mañana, la poca ventilación. Como música de fondo, una cadena de retrete.

Estoy hablando de los lavabos antiguos, de esos que existen en edificios viejos, en viejos teatros, en cafés desmoronados.[8]
25 Quiero referirme ahora a los más tristes «servicios», al peor escenario para nuestra protagonista.

—Buenas tardes...

—Buenas...[9]

«Al final de la escalera, a la derecha...» Siempre la encontra-
30 mos ahí: bajando, bajando escaleras. O al fondo de un pasillo largo.

[4] **haber ... escalafón**—haber recibido una posición más alta
[5] **el . . . materia**—el que conocía bien este oficio
[6] **labor**—*knitting* [7] **desconchadas**—*chipped*
[8] **desmoronados**—decaídos [9] **Buenas . . .**—es decir, buenas tardes

¿A la izquierda? Sentada. Delantal blanco y «rebeca»[10] negra, o, a veces —hace frío—, bufanda y chal... Sillita de madera, sucia; punto[11] de media interrumpido, plato para propinas en una mesa cercana.

—Buenas... 5

En el plato, algunas pesetas y algunos «duros». Se incorpora a nuestra llegada, con cansancio en los ojos. Abre una puerta y echa una mirada al «interior» para asegurarse de que todo está en orden. A veces —¡horror!— pregunta con absoluta naturalidad:

—¿Necesita papel? 10

Su mundo es un mundo feo. Observándola pienso en aquellas personas que tienen la suerte de haber nacido rodeadas de objetos bonitos, que viven entre cosas suaves y agradables, que miran paisajes abiertos, que respiran aire o sol.

—Adiós, buenas... 15

Olor a gato y a lejía.[12] (Acaban de fregar[13] los escalones de esa escalera.) Olor a húmedo y, quizá, a cualquier colonia barata.

Sé que los propietarios de edificios modernos me gritarán que las cosas han cambiado, que estoy refiriéndome a otros tiempos, que los «lavabos» actuales son preciosas habitaciones de baldosas[14] 20 blancas, perfectamente limpias, ventiladas y alegres. (¿Alegres?) Ni bombillas colgando, ni malos olores, ni sótano gris... De acuerdo. Los «lavabos» de hoy son auténticos palacios si comparamos, si pensamos en los antiguos —que aún existen, por supuesto—, a los que dedico estas líneas. Pero ella, la mujer, casi 25 es la misma. Como son iguales su labor y su sillita baja, y su «rebeca» negra, y su plato en la mesa vecina. Y los objetos que la rodean. Y la música de fondo.

—¡Figúrate qué ganga! —repetía mi amigo—. Para una viuda, mayor... O casada, o soltera, qué importa... Una ganga, te lo 30 aseguro. ¡Menuda suerte[15] haber conseguido el puesto!

Cuando quise decir que hay cosas mejores, que la suerte

[10] **rebeca**—*cardigan* [11] **punto**—*rip, run*
[12] **lejía**—detergente [13] **fregar**—lavar [14] **baldosas**—*tiles*
[15] **Menuda suerte**—Gran suerte (uso irónico de «menuda»)

hubiera consistido en encontrar un trabajo más «bonito», me interrumpió.

—¡Qué disparate! A ti, sí, te parece triste o feo... ¡Pero ella! Ella está acostumbrada. Para ella es el ideal. Ella, feliz. ¿Qué 5 más quiere?

Siempre me han sorprendido esas personas que certifican[16] la felicidad ajena. Hablan con frases hechas, afirmando de modo irrefutable sentimientos que desconocen. Hablan, sonriendo de oreja a oreja, de que la pobreza o la miseria no duelen al mísero 10 o al pobre, porque «ellos están acostumbrados». Y añaden siempre: «Son felices.»

No sé si el habitante de una chabola[17] vivirá «acostumbrado». Eso sería lo tremendo: que se acostumbrase.

—Esas de los lavabos están encantadas, te lo digo yo... 15 ¡Hombre, claro que existen cosas mejores! Ni a ti ni a mí nos gustaría ese trabajo, pero ellas... Para ellas es distinto.

Una de «ellas», una de las mil «señoras de lavabos» que conocemos, charlaba conmigo hace pocas tardes. «¿Qué tal va el negocio, qué tal está usted?...» Me miró, envuelta en su toquilla[18] 20 negra, atándose bien el delantal blanco, abandonando la labor.

—Tirandillo...[19] Vamos viviendo. Yo no me quejo, ¿sabe? Estoy bien...

Su marido tenía una jubilación pequeña y «llegaban malamente» a fin de mes. Cuando logró el puesto libre en aquel 25 teatro —olor a gato, a humedad, a lejía—, estaba más contenta que unas pascuas.

—Es una «ayudita», ¿comprende? Con las propinas... Se me va el tiempo cosiendo. Me gustaría estar en casa, no voy a negárselo, porque «una»[20] es mayor y ha trotado[21] ya mucho, 30 y... Pero no, no me quejo.

Cuando tiene mal humor —¡vaya usted a saber por qué, o por qué no!— es antipática y gruñe[22] si la clienta saca del bolso tres

[16] **certifican**—afirman [17] **chabola**—casita donde vive una familia pobre
[18] **toquilla**—pañuelo triangular [19] **Tirandillo**—Así, así
[20] **«una»**—se refiere a sí misma [21] **ha trotado**—ha trabajado bastante
[22] **gruñe**—hace un ruido desagradable

pesetas en lugar de cinco. Y abre la puerta como «perdonando la vida», como maldiciendo que el pobre «ser humano» tenga «ciertas necesidades...». Otras veces se siente en calma y sonríe. Y, «no importa, señora, si no lleva usted suelto...»[23] Y ofrece peine y agua de colonia. 5

Es un «tipo» casi innecesario. Como puede serlo, por ejemplo, el sereno. Un personaje que se nos va de la mano,[24] que tiende a desaparecer. Dejo constancia de[25] mi ternura hacia la «señora de los lavabos», pero creo que todos nos sentimos más cómodos cuando empujamos una puerta y no encontramos a nadie, 10 cuando podemos peinarnos o lavarnos las manos «a solas», cuando da lo mismo dejar o no dejar cinco pesetas, tener o no tener «suelto».

—¡Ay, qué tiempos! —suspiraba un buen día otra de nuestras «heroínas»—. Las máquinas, los adelantos... Me han dicho que 15 en muchos países todo funciona ya a base de apretar botones y que los «servicios» no necesitan de nadie... Y que se echan unas perras[26] y hay aparatos que escupen hilo de coser, imperdibles,[27] jabón, medias... ¿Será verdad? ¡Y qué tendrá que ver una cosa con otra!, pienso yo. Por muchos adelantos y muchas máquinas, 20 nada puede sustituir la «mano humana»...

Sí, esos estupendos lavabos americanos, multiplicados en todo el mundo, son el cruel enemigo, el invencible enemigo de nuestras mujercitas de «rebecas negras», sentadas junto al plato de propinas. Las han convertido en náufragas, asidas a una tabla 25 de salvación que flota en el más revuelto de todos los mares...

Mustia, pálida señora de los lavabos... Perdida en un siglo que lanza cohetes a la Luna, agonizante y sonámbula. Hoy por hoy[28] existe. No es «de ahora», pero ahora vive. Tiene pleno[29] derecho a ocupar —¡por los pelos![30]— su sitio en nuestra «Galería» de 30

[23] **suelto**—unas monedas [24] **se . . . mano**—está desapareciendo
[25] **Dejo . . . de**—Afirmo, establezco la verdad de
[26] **perras**—monedas [27] **imperdibles**—*safety pins*
[28] **Hoy por hoy**—Hoy día [29] **pleno**—completo, entero
[30] **por los pelos**—por poco

personajes actuales. Con todos los honores. Sentada en su sillita de madera, envuelta en su chal («¿Necesita peine?»), haciendo labor. («Buenas tardes...») Rodeada de un mundo de objetos feos y de olores feos.

5 Yo quisiera... ¿Sabes, señora, qué es lo que quisiera yo? Trasladar tu silla, como por arte de magia, al centro mismo de la Rosaleda del Retiro,[31] cuando las flores viven su momento mejor y el perfume, de tan fuerte, se hace casi insoportable. Cuando viene abril, o mayo, y el sol está limpio de nubes, y el aire cruza 10 sin ruido y se pasea... Y dejarte entonces respirar... Respirar.

[31] **la Rosaleda del Retiro**—uno de los jardines del Retiro, famoso parque de Madrid

I. Estudio de palabras

A. SINÓNIMOS

1. *actual*—presente
2. *lanzar*—echar, tirar
3. *el oficio*—la profesión
4. *el servicio*—retrete, lavabo, cuarto de baño
5. *la materia*—el asunto, el tema
6. *figurarse*—imaginarse
7. *el disparate*—la estupidez, tontería
8. *antipático*—desagradable
9. *la ternura*—afección, el cariño
10. *el adelanto*—progreso
11. *insoportable*—intolerable

B. DEFINICIONES

1. *el lavabo*—sitio donde lavarse
2. *la azafata*—muchacha que atiende a los pasajeros en los aviones comerciales
3. *ambulante*—que va o se mueve de un lugar a otro
4. *la ventaja*—lo que da superioridad en cualquier cosa o persona; superioridad de una persona o cosa respecto de otra
5. *el escenario*—lugar de acción
6. *el chal*—pañuelo largo que se ponen las mujeres en los hombros
7. *el sótano*—parte subterránea de un edificio
8. *la viuda*—mujer cuyo esposo ha muerto
9. *soltero*—no casado
10. *ajeno*—que pertenece a otro
11. *el delantal*—prenda de vestir que se ponen las mujeres en la cocina para preservar el vestido
12. *la jubilación*—pensión que uno recibe al retirarse
13. *el bolso*—saco en que la mujer lleva su dinero y otros artículos
14. *trasladar*—cambiar el lugar de algo o alguien

C. PALABRAS USADAS EN CONTEXTO

1. *el cohete:* Los astronautas han viajado a la Luna en una cápsula propulsada por un cohete.
2. *la cola:* Por ser tan famosa la película, había una cola muy larga alrededor del teatro.
3. *el sueldo:* En algunas ciudades los policías reciben un sueldo de más de diez mil dólares al año.
4. *la (letra) mayúscula:* Las frases deben principiar con letras mayúsculas.
5. *incorporarse:* El enfermo se incorporó en la cama para leer y ver la televisión.
6. *la ganga:* El dueño de la tienda vendía todos los artículos a un descuento de veinte por ciento, y así pudimos obtener muchas buenas gangas.

D. MODISMOS

1. *abrirse paso por*—andar con fuerza por, tratando de quitar los obstáculos: «Nos abrimos paso por las muchas personas que llenaban la calle.»
2. *hacerse cargo de*—asumir la responsabilidad de: «A la muerte de su marido, la mujer se hizo cargo de la familia.»
3. *a solas*—sin la ayuda de nadie: «Me gusta estudiar a solas.»
4. *dar lo mismo*—ser la misma cosa, ser igual: «Da lo mismo llevar o no llevar corbata.»
5. *tener que ver con*—Tener alguna relación con: «Tus ideas no tienen nada que ver con las mías.»

II. Ejercicios

A. Verdad o Mentira: Si la frase está correcta, escriba Vd. la palabra «verdad»; si no está correcta, escriba la frase otra vez, corrigiéndola.

1. Natalia Figueroa comprende perfectamente a la mujer que quiere ocupar el puesto de «señora de lavabos».
2. La señora «de los lavabos» usa una silla pequeña de madera sucia.
3. Este es un empleo muy difícil para una mujer.
4. La señora «de los lavabos» gana un sueldo mayor que las propinas que recibe.
5. Los lugares en que trabaja la señora «de los lavabos» generalmente huelen bien.
6. Según la autora, la señora «dc los lavabos» es un «tipo» que no es realmente necesario.
7. El futuro de la señora «de los lavabos» es algo muy seguro en España.

B. Preguntas sobre el contenido: Conteste Vd. en frases completas.

1. «La mustia, la pálida, la aburrida señora de los lavabos . . .» es la primera línea de esta obra. ¿Qué esperaremos del resto del artículo después de esta descripción? ¿Por qué cree Vd. que la autora empezó así?
2. ¿Con qué otros oficios compara ella a la señora «de los lavabos»? ¿Por qué?
3. ¿Por qué incluye la autora a esta señora en su libro?
4. Según el «entendido en estas cosas», ¿cuáles son las ventajas de este oficio?
5. Describa el «mundo» en que trabaja esta señora.
6. ¿Qué pregunta la señora a menudo?
7. ¿Con quiénes la compara la autora y por qué?
8. Describa los servicios modernos en que algunos de estas mujeres trabajan.
9. ¿Qué clase de persona le sorprende siempre a la autora y por qué?
10. ¿Por qué no se queja la señora con quien habla la autora?
11. Describa las reacciones distintas que uno puede recibir de esta señora «de los lavabos».
12. ¿Qué o quién es el enemigo más grande de esta señora y por qué? ¿Qué creen las señoras «de los lavabos» de este enemigo suyo?

C. Vocabulario: Las ideas o expresiones siguientes sugieren palabras que se hallan en el «Estudio de palabras». Escoja Vd. la palabra o palabras sugeridas en cada caso.

1. también los nombres propios y los títulos
2. No hay que meterse en asuntos ______.
3. contrario de simpático
4. el calor del verano
5. Sirve de protección contra el frío.
6. Mi mamá se lo pone en la cocina.
7. A veces hay que formarla para esperar.
8. Nos trataba muy bien durante el vuelo.
9. Se han lanzado muchos del Cabo Kennedy.

10. Lo busco para lavarme las manos.
11. Ella se quedó así a la muerte de su marido.
12. Muchos no ganan suficiente ______ para vivir.
13. Esa tienda ofrece muchas.
14. El ladrón se lo robó a la mujer en la calle.
15. La tenemos para una discusión.

D. Temas literarios

1. En la página 148, la autora dice con sarcasmo: «No sé si el habitante de una chabola vivirá ‹acostumbrado›. Eso sería tremendo: que se acostumbrase.» ¿Cómo se relaciona esta observación con la señora «de los lavabos»? ¿Puede Vd. relacionarla con el problema de la pobreza en su propio país? ¿en el resto del mundo? Explique.
2. Según el último párrafo del artículo, ¿cuál debe ser la opinión de Natalia Figueroa de esta señora «de los lavabos»? ¿Por qué ha escrito ella este párrafo?
3. Compare a este «tipo» con el sereno y el «niño guía»: en qué son semejantes?
4. ¿Qué recursos estilísticos (narración, diálogo o monólogo, el uso de inglés, de puntos suspensivos, etc.) emplea la autora en los cuatro artículos?
5. Una mujer que trabaja en un «servicio» no suele ser protagonista de una obra. ¿Cuál es su reacción a este artículo y su tema?

VOCABULARY

The vocabulary is complete and includes words used in the introductions and exercises. Words of high frequency have not been included unless they present some unusual meaning or appear in idiomatic expressions that might present some difficulty. Demonstratives, possessives, articles, numerals, pronouns, prepositions, and conjunctions have not been included unless they present some peculiarity of meaning or construction. Parts of speech are indicated only when necessary to clarify usage. The gender of nouns is indicated by *m.* or *f.*, except for masculine nouns ending in **-o** and feminine nouns ending in **-a**. Radical-changing verbs are indicated in parentheses after the infinitives: **(ue), (ie), (ue, u), (ie, i), (i).**

abalanzarse, to rush
abigarrado, -a, of many varieties
abollado, -a, dented
abordar, to approach; to accost
abrasar, to set afire, burn
abrazar, to embrace, hug
abrigado, -a, protected, sheltered
abrigarse, to take shelter; to wrap oneself up
abrigo, coat, wrap; shelter, protection
abrumar, to overwhelm
absoluto: en absoluto, (not) at all
abultar, to enlarge
aburguesado, -a, middle-class
aburrido, -a, bored; tiresome, boring
acabar, to finish; **acabar de** + *inf.*, to have just; **se acabó,** it's all over
acaso, perhaps; **por si acaso,** if by chance
acera, sidewalk
acerca de, about, concerning
acercarse a, to approach
acertar (ie) + *inf.*, to succeed in
acierto, skill, ability
aclamar, to acclaim, hail, cheer
aclarar, to make clear, explain
acogedor, -ora, welcoming, inviting
acoger, to receive, welcome
acometer, to attack; to overcome suddenly
aconsejar, to advise

acontecimiento, event, happening
acordarse (ue) de, to remember
acorde, *m.*, harmony; tune
acoso, harassment, relentless pursuit
acostarse (ue), to go to bed
acostumbrar, to accustom
actitud, *f.*, attitude
actual, present, present-day
actualidad: en la actualidad, at the present time
acuciar, to goad, prod
acudir a, to attend, go to, come to
acuerdo, agreement; **estar de acuerdo,** to agree; **de acuerdo,** agreed
acurrucarse, to huddle, squat
achicado, -a, childish, childlike
achicharrar, to scorch
adelantar, to progress, go ahead
adelante, ahead, forward; **más adelante,** later
adelanto, progress
adosar a, to lean against
adquirir (ie, i), to acquire
aduana, customs, customhouse
advertir (ie, i), to notice; to point out; to warn, advise
aficionado, -a: ser aficionado(-a) a, to be fond of
afuera, outside; **las afueras,** outskirts
agarrar, to seize, grab
agigantarse, to become huge
agitado, -a, excited
agradecer, to thank, be thankful for
agradecimiento, thanks, appreciation
agrandar, to enlarge
agrio, -a, sour
agrupado, -a, grouped
aguador, -ora, water carrier, water vendor
aguanieve, *f.*, sleet
aguantar, to bear, endure
aguardar, to wait (for), await
aguardiente, *m.*, brandy
agudizar, to sharpen
ahí, there; **de ahí que,** hence; **por ahí,** around there
ahogarse, to drown; to suffocate
ahora, now; **ahora mismo,** right now, just now
ahorrar, to save (money)
aire, *m.*, air; **al aire libre,** outdoors
airoso, -a, successful
aislado, -a, isolated
ajedrez, *m.*, chess
ajeno, -a, another's
alameda, tree-lined walk
álamo, poplar
alargar, to extend, lengthen; to stretch out
alcalde, *m.*, mayor
alcaldía, city hall
alcance, *m.*, reach, range
alcanzar, to reach; to suffice
alcoba, bedroom
aldaba, door knocker
aldea, village
aldeano, -a, villager
alegría, joy, happiness
alejado, -a, removed, distant, remote
alejarse, to move away
alelado, -a, stunned, dumbfounded
alemán, -ana, German
alfiler, *m.*, pin
algo, something; somewhat
alimento, food
alinear, to line up
alisar, to smooth
alma, soul
almendra, almond
almíbar, *m.*, simple syrup

alojamiento, lodging, housing
alojarse, to take lodging
alpargata, sandal
alquilar, to rent
alrededor (*adv.*), around; **alrededor de** (*prep.*), around; **los alrededores,** outskirts
altivo, -a, haughty, proud
allá, over there; **más allá,** further over; **allá por,** around
allanar, to level, smooth
allí, there; **allí mismo,** right there
ama, housekeeper, housewife; **ama de cría,** wet nurse
amanecer, *m.*, daybreak; **al amanecer,** at daybreak
amargar, to embitter, make bitter
amargo, -a, bitter
amarillento, -a, yellowish
ambiente, *m.*, surroundings, environment
ambos, -as, both
ambulante, itinerant, traveling
amenaza, threat
amenazar, to threaten
americana, jacket, sack coat
amistad, *f.*, friendship
amo, master
ancho, -a, wide
andaluz, -uza, Andalusian
andanza, act, happening
andén, *m.*, platform
andrajo, rag
angustia, anguish
anhelante, gasping; eager
anhelar, to crave; to gasp, pant
ánimo, mind, spirit
anochecer, to grow dark; **al anochecer,** at nightfall
ante, *m.*, suede; elk
antemano: de antemano, beforehand, in advance
antepasado, -a, ancestor
anterior, former
antipático, -a, disagreeable, uncongenial
antojarse, to seem
añadir, to add
apacible, peaceful, gentle
apagadamente, weakly, dimly
apagar, to put out, extinguish
apalear, to beat
aparecer, to appear
aparición, *f.*, appearance
apartado, section
aparte, apart, aside
apedrear, to throw rocks
apenas, hardly, scarcely
apesadumbrar, to distress
apiñarse, to bunch together
aplastar, to flatten, smash
apoderarse de, to take possession of, take hold of
apolítico, -a, not involved in politics
apostadero, station, post
apoyar, to support; **apoyarse,** to lean, rest (on)
apresuradamente, hurriedly
apretar (ie), to tighten; to squeeze, press; **apretarse,** to huddle; to crowd
aprisa, fast, quickly
aprobar (ue), to approve; to pass (an exam)
apuntar, to mark; to note
apurar, to drain, empty; to finish
arañazo, scratching
archivo, file, filing
arder, to burn
argumento, plot
armar, to cause, stir up; **armar una,** to do something bad or malicious
armario, closet, wardrobe

arrabal, *m.*, suburb
arrastrar, to drag
arreglar, to fix, arrange; **arreglarse,** to manage, get along
arreglo, arrangement; *pl.*, repairs
arriba, up, above, over
arrimarse a, to come close to
arrollar, to wind
arropado, -a, bundled up
arroz, *m.*, rice
arruga, wrinkle
arrugado, -a, wrinkled
ascensor, *m.*, elevator
asegurar, to assure; to insure; to assert
asentir (ie, i), to agree; **asentir con la cabeza,** to nod
así, so, thus, in this (that) way; **así como,** just as, just like, as well as
asido(-a) a, clinging to
asir, to grasp, seize
asistir a, to be present at, attend
asomar, to show, stick out; **asomarse a,** to look out of; to peep into
asombrado, -a, amazed, frightened
asombro, astonishment
asombroso, -a, astonishing
áspero, -a, rough, harsh
aspirante, *m. & f.*, aspirant, applicant, candidate
astillado, -a, chipped
asunto, matter, affair
asustadizo, -a, shy, easily scared
asustar, to frighten; **asustarse,** to become frightened
atar, to tie
atardecer, *m.*, late afternoon; **al atardecer,** in the late afternoon
ataúd, *m.*, coffin
atemorizar, to frighten, terrorize
atender (ie), to take care of
aterrizar, to land (airplane)
atizar, to poke
atraer, to attract
atrapar, to catch, trap
atrás, backwards, behind; before, previously
atravesar (ie), to cross; to put the evil eye on
atreverse a + *inf.*, to dare to
audaz, bold
aullar, to howl
aullido, howl, cry
aún, still, yet, even
aunque, although
ausente, absent
autómata, *m.*, automaton
autopista, turnpike, highway
auxilio, aid
avanzar, to advance, approach
avisar, to inform, let know
aviso, notice
ay, oh, alas
ayuntamiento, city hall, town hall
azafata, airline stewardess
azar, *m.*, chance, hazard
azotador, -ora, whipping, lashing

bachillerato, baccalaureate (closer to our high-school diploma)
bahía, bay
bailaora (*variant of* **bailadora**), dancer of Flamenco dances
bailotear, to hop about
bajar, to go down
bajo, under
balbucear, to stutter, stammer
baldosa, paving stone, tile
banco, bench
bandeárselas, to get along (at earning a living)
bandera, flag
bandidaje, *m.*, banditry

bandolerismo, brigandage, highway robbery
barato, -a, cheap
barbaridad, *f.*, outrage, inhumanity, cruelty; nonsense
barco, boat
barra, bar; **barra de los labios,** lipstick
barrendero, sweeper
barrio, neighborhood, section (of a city)
barro, mud, clay
barroco, -a, baroque
base, *f.*, basis; **a base de,** on the basis of
bastante, enough; quite
basura, garbage
bembón, -ona, thick-lipped
benemérito, -a, worthy; **la benemérita** (name given to the Guardia Civil)
besar, to kiss
besugo, red porgy
bicho, animal, bug; **mal bicho,** bad guy, stinker, rat
bien: más bien, rather
bienvenida, welcome; **dar la bienvenida,** to welcome
bigote, *m.* (*often in plural*), mustache
Blancanieves, *f.*, Snow White
blando, -a, soft
blanquear, to bleach, whiten; to whitewash
bobada, foolish action, foolishness
bolígrafo, ball-point pen
bolsa, bag, purse
bolsillo, pocket
bolso, pocketbook, handbag
bombilla, light bulb
bombón, bonbon; "sweetheart"
borde, *m.*, edge, border
borracho, -a, drunk
borrar, to erase, eradicate
borrego, lamb
bosque, *m.*, woods
bostezar, to yawn
bota, boot
botijero, seller or maker of earthen jars or jugs
botón, *m.*, button
brasero, brazier (a metal receptacle for burning fuel to heat a room)
brillar, to shine
broma, joke, jest
brotar, to gush, shoot forth
bruces: de bruces, face downward
bruja, witch
bueno: de buenas a primeras, suddenly
bufanda, scarf
bula, bull (papal document)
bulto, bundle, package
burgués, -esa, bourgeois, middle-class
burla, scoffing, mockery; deception
busca, search; **en busca de,** in search of
buscar, to look for
búsqueda, search

caballero, gentleman
caber, to fit
cabo, end, tip; cape; **al cabo,** finally
cabra, goat
cachazudo, -a, slow, phlegmatic
cada, each; **cada cual,** each one
cadena, chain
caer, to fall; **caer de plano,** to fall flat; **dejar caer,** to drop
caja, box; **cajón,** *m.*, large box, drawer
cajetilla, pack (of cigarettes)

calavera, skull
calefacción, *f.*, heat, heating
calentura, fever
calidez, *f.*, heat
caluroso, -a, warm
calzar, to put shoes on
calzoncillos, undershorts
callado, -a, quiet
callar(se), to be quiet
calloso, -a, callous, full of calluses
cambiar, to change; **cambiar de,** to change (trains, clothes, plans, etc.)
cambio, change, exchange; **en cambio,** on the other hand; **a cambio de que** + *subjunctive*, in exchange for
camilla, table with heater underneath
caminar, to walk; to travel
camino, road, way; **camino de,** on the way to
camión, *m.*, truck
camiseta, undershirt
campanil, *m.*, belfry, bell tower
campo, field, country
cangrejo, crab
canguelo (*coll.*), fear
cansancio, tiredness, fatigue
cansarse, to get tired
cantaor (*variant of* **cantador**), singer (of Flamenco music)
cantidad, *f.*, quantity, sum
canto, singing, song
capa, cloak, cape
capacitado, -a, qualified
capataz, *m.*, overseer, foreman
capaz, capable
capazo, two-handled rush basket
capitanear, to lead
capotazo: dar capotazos, to make movements with the cape (in the bullfight)
captar, to capture, catch
capullo, bud, cocoon
carabela, caravel, ship
¡caramba! (*interj.*), confound it!
carbonero, coal dealer
cárcel, *f.*, jail, prison
careado, -a (cariado), decayed
carecer de, to lack
careta, mask
carga, load
cargante (*coll.*), annoying, tiresome
cargar, to load
cargo, charge, job, post; responsibility; **hacerse cargo de,** to take charge of
caridad, *f.*, charity
cariño, affection, love
cariñoso, -a, affectionate
carne, *f.*, meat; flesh
carpeta, portfolio, folder
carrera, career; race
carretera, road, highway; **carretera adelante,** on the road ahead
carro, cart, car, wagon, truck
carta, letter; playing card; **jugar a las cartas,** to play cards
cartaginés, -esa, Carthaginian
cartearse, to correspond, write to each other
cartera, wallet, billfold
casarse, to get married
casco, hoof
caserío, country house; settlement
casi, almost
casillero, filing cabinet
castañero, -a, chestnut vendor
castaño, chestnut tree
castigar, to punish
castigo, punishment
casualidad, *f.*, coincidence, chance. accident

cataclismo, cataclysm, catastrophe, upheaval
catarro, head cold
cauce, *m.*, river bed; channel
cauteloso, -a, cautious
cavilar, to think, ponder
cazo, ladle
ceder, to yield, give in
cenar, to have supper
cenicero, ashtray
céntimo, one hundredth of a *peseta*
cera, wax
cercano, -a, nearby
cercar, to surround; to fence in
cerco, fence, enclosure; wall
cerebro, brain
cerilla, match
cerrar (ie), to close, shut; to fall (night)
certificar, to certify; to affirm
cesta, basket
cesto, wastebasket
científico, -a, scientist
cierre, *m.*, lock, latch; window shutter (of a store)
cifra, figure, number
cigarra, locust
cigarrillo, cigarette
cimiento, foundation, groundwork; source
cinta, tape; **cinta magnetofónica,** magnetic tape
circular, to travel (vehicles)
circundar, to surround, go around
ciruela, plum, prune
cita, quotation; date, appointment
citación, *f.*, quotation
citar, to quote; to make a date with
ciudadano, -a, citizen; city dweller
claro, -a, clear, light; **¡claro!,** of course!
clavar, to nail; to stick
cliente, *m. & f.*, customer
cobarde, *m. & f.*, coward
cobijarse, to protect oneself; to take shelter
cobrar, to collect
coco (*coll.*), bogeyman (legendary child-scarer)
coche, *m.*, car, automobile; coach
cochero, coachman
cochino, pig
código, code
coger, to catch, grab, take; **cogidos de la mano,** holding hands
cohete, *m.*, rocket
cojear, to limp
cojo, -a, lame
cola, tail; line of people; **hacer cola,** to stand in line
colegio, school
cólera, anger
coletazo, blow with the tail; **dar los últimos coletazos,** to be on one's last legs
colgar (ue), to hang
colmillo, eyetooth
colocar, to place
colonia, cologne
colorado, -a, red
comandante, *m.*, commander
combinado, -a, put together
comienzo, beginning
como, as, like, since; **como no +** *subjunctive*, unless
cómodo, -a, comfortable
competencia, competition
comportarse, to behave
compravendedor, second-hand salesman
compraventa, buying-and-selling, second-hand business

comprender, to understand; to comprise, include
comprobar (ue), to verify, check; to prove
compromiso, commitment; engagement
compuesto, composite
común, common
concebir (i), to conceive
conciencia, conscience; consciousness; **a conciencia,** conscientiously
conejo, rabbit
confianza, confidence, trust
conforme, in agreement; **estar conforme,** to agree
confundir, to confuse
conjunto, whole, entirety, unit
conmover (ue), to move, touch, disturb; **conmoverse,** to be touched
conseguir (i), to get, obtain
conserje, *m.*, porter, janitor, keeper
conservar, to keep, preserve
constancia, certainty, proof; **dejar constancia de,** to prove, establish
constar de, to consist of, be made up of
constatar, to prove, establish, show
contar (ue), to count; to tell; **contar con,** to count on
contenido, content, contents
contiguo, -a, adjoining, adjacent
contra, against
convencer, to convince
convenir, to agree; to be suitable; **lo convenido,** what is (was) agreed upon
convidar, to invite; to treat
copa, goblet, wineglass
copla, couplet, ballad
coraje, *m.*, courage
corazón, *m.*, heart
coro, chorus
coronel, *m.*, colonel
corregir (i), to correct
corriente, current; ordinary
cortar, to cut; **cortarse,** to get spoiled (milk, etc.)
cortina, curtain
cosecha, crop, harvest
coser, to sew
costado, side
costar (ue), to cost; to be difficult
costilla, rib
cotidiano, -a, daily, every-day
crear, to create
crecer, to grow
crecimiento, growth
criar, to raise; to breed, to grow
cristal, *m.*, glass, pane of glass
crujiente, crackling, rustling
cruzado, -a, double-breasted
cruzar, to cross
cuadrado, -a, square
cuadrar, to suit; to correspond
cuadro, square; picture; **a cuadros,** checked
cualquiera, whatever, anyone; **otro cualquiera,** anyone else; **cualquier cosa,** anything
cuando, when; during; **de vez en cuando, de cuando en cuando,** from time to time
cuanto, -a, as much as, all that; **en cuanto a,** as for, with respect to; **cuanto más,** the more; **en cuanto,** as soon as
cuarto, -a, fourth, quarter; *m.*, copper coin; room; **cuarto de estar,** sitting room
cuchichear, to whisper
cuello, neck; collar
cuenta, account, bill; **por nuestra cuenta,** by ourselves; **por su**

propia cuenta, by himself, herself, etc.; **echar las cuentas,** to figure out one's expenses; **ajustar las cuentas** (*coll.*), to settle accounts; **darse cuenta de,** to realize; **a fin de cuentas,** after all; **a cuenta de,** counting on
cuentista, *m.* & *f.*, short-story writer
cuento, story
cuerda, rope
cuerpo, body; corps
cuesta, hill, slope; **cuesta abajo,** downhill; **a cuestas,** on one's shoulders or back
cueva, cave
cuidado, care; **¡Cuidado!,** Be careful!, Watch out!
cuidar de, to take care of; **cuidarse de,** to care about; to be careful to
culebra, snake
culpa, blame, guilt
culto, -a, cultured, learned
cumplir, to fulfill, perform; **cumplir con,** to fulfill (an obligation)
cura, *m.*, priest; **cura párroco,** parish priest
cursillo, short course
cuyo, -a, whose

chabola, hut, shack
chal, *m.*, shawl
charco, puddle
charla, chatter
charlar, to chat
charlatán, -ana, prattling, gossiping
chico, -a, child, "kid"
chirriante, creaky, squeaky
chispa, spark
chocar, to collide; to shock
chopera, poplar grove
chopo, black poplar
chorizo, smoked pork sausage
chuzo; pike (used by the *sereno*)

daño, harm, damage; **hacer daño,** to harm
dar, to give; to hit; **dar la mano,** to shake hands
deber, to have to, must; to owe; *m.*, duty
debido a, due to
decir, to say, tell; **es decir,** that is to say
decorado, decoration, décor
dedicarse a, to devote oneself to
dedo, finger, toe
dejar, to let, leave; **dejar de** + *inf.*, to stop; to fail to
delantal, *m.*, apron
delante, in front, ahead; **por delante,** ahead, at one's reach; **delante de,** in front of
delgado, -a, thin
demarcación, *f.*, demarcation, limit; section
demás: los (las) demás, the rest, others
demasiado, -a, too much; *adv.*, too
¡demonio!, the deuce!
dentro (*adv.*), inside; **dentro de,** inside of, within; **dentro de poco,** shortly, within a short time
derecha, right hand; right (direction)
derecho, right, privilege
derribar, to tear down, knock down
derrotero, route, direction
derrumbarse, to collapse, fall down
desabrochar(se), to unbutton
desaforadamente, enormously
desaliento, discouragement

desarrollar, to develop
desastrado, -a, shabby, ragged
desatar, to untie
desbaratar, to spoil, disrupt, ruin
descalzarse, to remove one's shoes
descalzo, -a, barefoot
descansado, -a, easy, tranquil
descanso, rest
desconcierto, disturbance, confusion, surprise, bafflement
desconchado, -a, chipped, scaly
desconfiar, to distrust
desconocer, not to know, be ignorant of
desconocido, -a, unknown, strange
descontado: por descontado, of course
descubrir, to uncover, discover
descuento, discount
desde, from, since
desdoblar, to unfold, spread open
desembocar en, to get to, get into (onto)
desentumecer, to take the numbness out of
desenvolverse (ue), to develop, evolve
desesperado, -a, desperate, hopeless
desesperarse, to give up hope, despair
desfallecer, to faint
desgarrón, *m.*, shred, large tear
desgracia, misfortune
desgraciadamente, unfortunately
deshacer, to undo, destroy
desligamiento, disentangling, loosening
deslizar(se), to slide, slip
desmadejado, -a, weak, weakened
desmoronado, -a, worn down, decayed
desnudo, -a, naked, bare
desolado, -a, dejected, downcast
despacio, slowly
despacioso, -a, slow
despacho, office
despedir (i), to dismiss; **despedirse de,** to say good-by to, take leave of
despegar, to take off (airplane)
despejarse, to clear up (weather)
despensa, pantry
despertar (ie), to awaken; **despertarse,** to wake up
despoblado, unpopulated area, deserted spot
desportillar, to chip
desprecio, scorn, contempt
desprender(se), to take off
desprevenido, -a, unprepared, off guard
destacamento, detachment
destino, destination
destrozar, to destroy, shatter
desvestido, -a, unclothed
desviar(se), to switch; to branch off
detalladamente, in detail
detener, to stop; to reserve
detrás (*adv.*), behind, in the rear; **detrás de** (*prep.*), behind, in back of
devolver (ue), to return, give back
diablo, devil
diafragma, *m.*, diaphragm; camera opening or setting
diario, -a, daily; **a diario** (*adv.*), daily
dibujo, drawing, sketch
dictadura, dictatorship
dicha, happiness
dicho, saying, remark
diente, *m.*, tooth
difunto, -a, dead; dead person
diligencia, stagecoach

diminuto, -a, tiny
diputación, *f.*, deputation (corporation that directs and administers the interests of a province and the town it occupies)
dirigir, to direct; **dirigirse,** to go
discutir, to discuss
disfrazado, -a, disguised
disgusto, displeasure; **estar a disgusto,** to be in an unpleasant situation; **sentirse a disgusto,** to feel uncomfortable
disimular, to disguise
disminuir, to diminish, lessen
disparar, to shoot, fire (gun, rocket, etc.)
disparatado, -a, absurd, nonsensical
disparate, *m.*, nonsense (often in plural)
disponer de, to have at one's disposal
distinto, -a, different
distraer, to distract
divertir (ie, i), to amuse
doblar, to fold
doler (ue), to ache, hurt
dolor, *m.*, pain, grief
dolorido, -a, painful
dominar, to master
dominio, domain
dorar, to gild, cover with gold
dormir (ue, u), to sleep; **dormirse,** to fall asleep
droga, drug
duende, *m.*, goblin
dueño, owner, proprietor
dulce, sweet, fresh; gentle
duque, *m.*, duke
duradero, -a, lasting
durar, to last
dureza, hardness, roughness
durmiente, sleeping
duro, -a, hard; *m.*, Spanish coin worth 5 pesetas, or about 7 cents

echar, to throw, fling; **echarse a** + *inf.*, to start to; **echarse,** to lie down, to stretch out; to fling oneself; **echar mano,** to lend a hand; **echar de menos,** to miss
educado, -a: bien educado, well-bred
efectivamente, in fact
eficaz, effective
ejemplar, *m.*, model; copy (of a printed work)
ejercer, to exercise
ejército, army
elegir (i), to choose, elect
embarazo, pregnancy
embargo: sin embargo, however, nevertheless
embarullar, to make a mess of, bungle, botch up
embestir (i), to attack
embozado, -a, disguised, with face concealed
emocionado, -a, excited
empalizada, fence
empalmar, to combine, join
empapar, to wet, drench
empellón, *m.*, push, shove
empeñarse en, to insist on
empleo, employment, job
empresa, enterprise, company, firm
empujar, to push
empujón, *m.*, push, shove
enano, dwarf
encantado, -a, charmed, enchanted; satisfied
encargado, -a, agent, representative
encarnado, -a, red, flushed

encarrilar, to set right; guide, direct
encender (ie), to light (up)
encerrar (ie), to lock up, shut in, confine; to contain, include
encierro, confinement, locking up
encima (*adv.*), above, on top
encina, oak
encomendar (ie), to entrust
encontrar (ue), to find; **encontrarse,** to be
encuentro, encounter
enemistad, *f.*, enmity, hatred
enfadar, to anger; **enfadarse,** to get angry
enfrente, in front, opposite; **de enfrente,** across the way
enfriar, to cool; **enfriarse,** to catch a light cold; to get cold
enfurecer, to infuriate
ensalada, salad
ensangrentado, -a, bloody, bloodstained
ensayar, to try; to rehearse
ensayo, essay
enseñar, to show, teach
ensimismado, -a, introverted, self-absorbed
ensortijar(se), to curl, kink
ensuciar, to dirty
entender (ie), to understand; **a nuestro entender,** as far as we can (could) understand; **entender de,** to know about
entendido, -a, expert, skilled
enterarse de, to find out about, learn about
enternecer, to touch, move to pity
enterrar (ie), to bury
entierro, burial
entonces, then
entornar, to half-close
entrañable, close, intimate
entre, between, among
entreabrir, to half-open
entrecortado, -a, broken
entregar, to hand over, deliver; to give
entretener, to entertain, amuse
entretenimiento, entertainment, amusement
entusiasmado, -a, enthusiastic
enviar, to send
envidia, envy
envuelto, wrapped
equilibrio, balance
equilibrista, *m. & f.*, balancer
equipaje, *m.*, baggage, piece of luggage
equivocarse, to make a mistake, be mistaken
errabundo, -a, wandering
esbelto, -a, slender
escalafón, *m.*, roster, register (showing position or merit)
escalera, staircase; **escalera abajo,** down the stairs
escalofrío, chill
escalón, *m.*, step (of stairs)
escaparate, *m.*, store window
escarcha, frost
escarnio, scoffing, mockery
escaso, -a, scarce
escenario, setting, background
escoba, broom
escoger, to choose
esconder, to hide
escopeta, shotgun
escudriñar, to scrutinize; to pry into; to search
escupir, to spit, spit out
escurridizo, -a, slippery
esforzarse (ue), to make an effort, exert oneself, strive

esfuerzo, effort
esfumarse, to fade away, disappear
espaciado, -a, spaced, spread apart
espacial, spatial
espacio, space
espalda, back (of the body); **de espaldas a,** with one's back to
especie, *f.*, kind, type
espejo, mirror
esperar, to hope; to wait (for)
espeso, -a, thick, heavy
esquema, *m.*, scheme
esquina, corner
estacionamiento, parking
estacionar, to station, park
estadística, statistics
estado, state, condition
estallar, to break out, burst
estampa, stamp, print; aspect, appearance
estante, *m.*, shelf
estar, to be; **estarse,** to remain
estirar, to stretch
estrella, star
estrellar, to shatter, dash to pieces; **estrellarse,** to crash
estremecerse, to shake, shiver
estrenar, to use or wear for the first time; to perform (a play, etc.) for the first time
estribar, to found, establish; **estribarse,** to get a start; to develop, formulate
evitar, to avoid
exento, -a, free, uncovered
exigencia, requirement, demand
exigir, to require, demand
éxito, success
experimentar, to experience; to feel
explotar, to explode
exponer, to display; **exponerse,** to expose oneself (to a danger)
extraer, to extract, pull out
extranjero, -a, foreign, foreigner; **por el extranjero,** abroad
extrañado, -a, surprised
extraño, -a, strange; **hacer extraños,** to get scared (animals)
extraordinario, -a, special
extremo, end

fábrica, factory
fábula, tale, fable
facilitar, to furnish, provide
fachada, façade, frontage
faena, job, task
falda, skirt
falta, lack; **hacer falta,** to be lacking; to be necessary
faltar, to be missing, be absent; **faltar a una cita,** to fail to keep an appointment
fallar, to fail
fallecido, -a, dead
fallecimiento, death
familiar, *m. & f.*, relative
fanfarrón, -ona, blustering, bragging
fantasma, *m.*, ghost
fantasmagoría, optical illusion
farol, *m.*, lantern; street light
fe, *f.*, faith
fealdad, *f.*, ugliness
felicidad, *f.*, happiness
feliz, happy
feo, -a, ugly
féretro, coffin
festejar, to entertain; to honor; to celebrate
fiado: al fiado, on credit
fiar, to entrust; to give credit
figurarse, to imagine
fijar, to fix, set; **fijarse en,** to notice

fijeza, firmness; **con firmeza,** exactly
fijo, -a, fixed
filete, *m.*, thin steak
final, *m.*, end
finca, farm, ranch
fingir, to pretend
firma, signature
firmar, to sign
fiscalía, office of the treasurer
flamenco, -a, Flemish; Andalusian gypsy dance, song, or music
flemático, -a, phlegmatic, apathetic
flequillo, bangs (hair)
flojo, -a, loose
fogata, bonfire
fogón, *m.*, cooking stove
fondo, bottom; essence; background
forma, form, way; **de todas formas,** at any rate, anyway
forzosamente, unavoidably
foto, *f.* (*abbreviation of* **fotografía),** picture, photograph; **hacer fotos,** to take pictures
fotografiar, to photograph
fracasar, to fail
fragor, *m.*, din, crash, uproar
frasco, flask
fregadera (fregadero), kitchen sink
fregar (ie), to rub, scrub; to wash (dishes, stairs, etc.)
frente, *f.*, forehead; *m.* (military) front; **de frente,** straight (ahead); **frente a,** in front of; **al frente de,** at the front of
fresco, -a, fresh, cool
frotar, to rub
fuego, fire
fuente, *f.*, source
fuera, outside; **fuera de,** outside of
fuerza, force, strength; **fuerza aérea,** air force
fugaz, fleeting
fulano, -a, so-and-so
funcionamiento, functioning, operation
funcionario, public official
fundar, to found, establish

gabán, *m.*, overcoat
gala, fine clothes; **de gala,** full dress
gamba, large shrimp
gamberro, hoodlum, tough, rowdy
gana, will, desire; **de mala gana,** unwillingly; **tener ganas de** + *inf.*, to feel like
ganado, cattle
ganancia, profit
ganar, to win, earn
ganga, bargain; cinch, snap; easy deal
garantizar, to guarantee
garganta, throat
gastado, -a, worn out
gastador, -ora, spender, spendthrift
gastar, to spend (money)
gasto, expense
gazapo, little rabbit
gemelo, -a, twin
gemir (i), to moan, groan, whine, whistle, howl
género, kind, genre
genial, inspired, genius-like
gentuza, low-class people
gestión, *f.*, step, measure; negotiation
gitano, -a, Gypsy
gobernar (ie), to govern
goce, *m.*, enjoyment
golfo, ragamuffin, street urchin
golpe, *m.*, blow, hit, stroke; **de**

golpe, suddenly
golpear, to beat, hit
gordo, -a, fat, whopping big
gorra, cap
gorrión, *m.*, sparrow
gorro, cap
gota, drop
gozar de, to enjoy
gozo, joy
gracia, grace, charm
gracioso, -a, funny, witty, delightful
gratuito, -a, free, gratis
grava, gravel
gris, grey
grueso, -a, heavy, thick
gruñir, to grumble
guardapolvos, *m.*, light coat, duster
guardar, to keep; to put away; **guardar cama,** to stay in bed
guardesa, woman who takes care of a house
guardia, *m.*, guard, policeman; *f.*, guard (body of armed men); **guardia civil,** rural police(man)
guerra, war
guía, *m.*, guide
gusto, taste; pleasure; **estar a gusto,** to like it (a situation)

haber de + *inf.*, to be to, be supposed to, have to
habitación, *f.*, room; dwelling, house
hábito, dress, habit
habla, speech
hacendoso, -a, diligent, industrious
hacer, to make, to do; **hacerse,** to become
hacia, towards
hallar, to find; **hallarse,** to be found (located)
hambriento, -a, hungry
harapiento, -a, ragged
hartarse, to tire
hasta, until, up to; even; **hasta que** (*conj.*), until
hecho, fact, event; **el hecho de que,** the fact that
heredar, to inherit
herida, wound
herir (ie, i), to wound, hurt
hielo, ice
hierba, grass
hierro, iron
hilo, thread, yarn; wire
hilvanar, to outline
hinchar, to inflate; **hincharse,** to swell
hogareño, -a, homelike
hoguera, bonfire
hoja, leaf (of paper or a tree)
hojear, to leaf through (a book or magazine)
hombro, shoulder; **encogerse de hombros,** to shrug one's shoulders
honrar, to honor; **honrarse,** to be honored
hospicio, orphan asylum
hoy, today; **hoy día, hoy por hoy, hoy en día,** nowadays, at the present time
hueco, -a, hollow
huella, trace, track; print (finger or foot)
huérfano, -a, orphan
huertecillo, little garden
huerto, garden, orchard
hueso, bone
huir, to flee, run
húmedo, -a, wet
humilde, humble
humillante, humiliating

humillar, to humiliate, humble
humo, smoke
hurgar, to poke; **hurgarse las narices,** to pick one's nose

idioma, *m.*, language
igual, equal, same, similar; likewise
impávido, -a, fearless
imperdible, *m.*, safety pin
imponente, imposing
imponer, to impose; to command
impresionar, to impress, make an impression
imprevisto, -a, unforeseen, unexpected
inasible, unattainable
incendio, fire
inclinar(se), to bend
incómodamente, uncomfortably
incomodidad, *f.*, discomfort, inconvenience
inconveniente, *m.*, difficulty, obstacle
incorporarse, to sit up
increíble, incredible, unbelievable
indefectible, unfailing
inefable, indescribable
inferior, lower
informe, *m.*, piece of information; **informes,** information
ingeniero, engineer
ingenuo, -a, ingenuous, open, candid
ingresar en, to enlist in
inmune, untouched
inquieto, -a, uneasy, restless, anxious
insensatez, *f.*, folly
insensato, -a, foolish
insólito, -a, unusual
insoportable, unbearable, intolerable
instalarse, to settle
institutriz, *f.*, governess
intentar, to try to, attempt to
interrumpir, to interrupt
intimidad, *f.*, intimacy
intrascendente, unimportant
inundar, to inundate, flood
invernal, (pertaining to) winter
izquierda, left hand, left (direction)

jabón, *m.*, soap
jadear, to pant
jadeo, panting
jamás, ever, never
jamón, *m.*, ham
jardín, *m.*, garden; **jardín de infancia,** kindergarten
jarrón, *m.*, vase, urn
jornada, journey; work day
jornal, *m.*, salary, wage
joya, jewel
jubilación, *f.*, retirement, pension
jubilarse, to retire
juego, game, gambling
juez, *m.*, judge
jugar (ue), to play; **jugarse el tipo,** to flirt with danger
juguete, *m.*, toy
juicio, judgment
junco, rush, grasslike herb used to make mats
juntar, to join; **juntarse,** to gather together
junto a, next to
juntos, -as, together
juventud, *f.*, youth
juzgar, to judge

labio, lip
labor, *f.*, knitting
labranza, farming
labrado, -a, worked, fashioned; carved

lacio, -a, straight (hair)
ladrido, barking
ladrón, *m.*, thief
lamer, to lick
languidecer, to languish
lanzamiento, launching
lanzar, to hurl; to launch
largar, to throw out, set free; **largarse** (*coll.*), to get out, "beat it"
largo, -a, long
lastimero, -a, pitiful
látigo, whip; **latigazo,** blow with a whip
latir, to beat (heart)
lavabo, washroom, washstand
lavadora, washing machine
lealtad, *f.*, loyalty
lector, *m.*, reader
lechero, milkman
lejos, far
lejía, lye; washwater
lenguaje, *m.*, language, dialect
lento, -a, slow
letra, letter (of the alphabet); words to a song; draft (bill); **poner unas letras,** to drop a line
levantar, to lift; **levantarse,** to get up
leve, light, slight
ley, *f.*, law
libre, free; **por libre,** freely
liebre, *f.*, hare
lienzo, canvas (for painting)
ligero, -a, light (in weight); slight
limpiar, clean, wipe
limpio, -a, clean
lindante, adjoining, bordering
liso, -a, smooth
lo (*neut.*), the, how; **lo de,** about, the matter of, that of; **lo que,** what, which
localizado, -a, located, situated
lograr, to achieve; **lograr** + *inf.*, to succeed in
lucha, fight, struggle
luchar, to fight
luego, then, afterwards; **luego de** + *inf.*, after; **desde luego,** of course
lugar, *m.*, place; village; **tener lugar,** to take place; **en lugar de,** instead of
lujo, luxury
luz, *f.*, light; **dar a luz,** to give birth

llamada, call
llanto, sobbing, weeping
llanura, plain
llave, *f.*, key
llavín, *m.*, latchkey
llenar, to fill; **llenar de,** to fill with
lleno, -a, full
llevar, to take, carry; **llevar una vida,** to lead a life; (with time) to have been: **Llevo quince años en el cuerpo,** I have been in the corps fifteen years; **llevarse,** to get along; to carry off
llorar, to cry

macizo, -a, solid, massive
madera, wood
madrileño, -a, person from Madrid
madrugada, early morning (between midnight and daybreak)
madurar, to mature, ripen; to think out
maduro, -a, mature, ripe
magia, magic
mago, magician
mal, *m.*, evil; **menos mal,** even better, so much the better

maldecir, to curse
maldito, -a, cursed
maleta, suitcase
malhechor, *m.*, evildoer
malvado, -a, evil, wicked
mancha, stain, mark, spot
manchar, to stain
mandar, to send; to order
manejo, handling, management
manera, way; **de esta manera,** in this way
manía, mania, craze
manta, blanket
maquillado, -a, made up
maquillaje, *m.*, makeup
máquina, machine; camera
mar, *m. & f.*, sea; **la mar de,** very many, oceans of, quite a bit of
maravilla, marvel, wonder; **de maravilla,** marvelously
marcarse, to stand out, show
marcharse, to leave, go away
mareo, dizziness; *coll.*, annoyance
marido, husband
mármol, *m.*, marble
marrón (*same form for m. & f.*), maroon
masticar, to chew
mascullar (*coll.*), to mumble, mutter
matar, to kill
materia, subject, matter
matiz, *m.*, nuance, shade
matorral, *m.*, thicket
matrimonio (*coll.*), married couple
mayor, older, oldest; greater, greatest; bigger, biggest; **los mayores,** adults
mayúscula, capital letter
maza, mace, heavy drumstick
mazapán, *m.*, marzipan (candy made of almonds & sugar)
media, stocking; average
mediano, -a, fair, average
medio, means; middle; **por medio de,** by means of; **medio, -a,** middle; half
medir (i), to measure
mejilla, cheek
mejor, better, best
mejorar(se), to improve, get better
melenudo, -a, with long hair (falling over shoulders)
melocotón, *m.*, peach
membrete, *m.*, letterhead
mendicidad, *f.*, beggary
mendigo, beggar
mengano, -a, so-and-so
menor, younger, youngest
menos, less, least; **por lo menos,** at least
mensualmente, monthly
mente, *f.*, mind
mentira, lie; **parece mentira,** it seems incredible
menudo, -a, slight, small; quite a; **trotecillo menudo,** slow trot; **a menudo,** often
mercado, market
mercancía(s), merchandise
merecer, to deserve, merit
meta, goal
meter, to put; **meterse en,** to get into
metro, meter; subway
mezcla, mixture
mezclar, to mix
miedo, fear
miel, *f.*, honey
mientes, *f. pl.*, mind, thought
mientras, while, as long as; **mientras tanto,** meanwhile
milagroso, -a, miraculous
mimado, -a, spoiled (child)
mimbre, *m.*, wicker, reed, switch
mimoso, -a, pampering, tender
mirada, look, glance; **echar una**

mirada, to cast a glance
misa, mass (church)
mísero, a, miserable, wretched
mismo, -a, same, self, very; **mismo que,** same as; **ahora mismo,** right now, just now; **mañana mismo,** tomorrow at the latest; **dar lo mismo,** to be all the same
mitad, *f.*, half; **a mitad de,** in the middle of; **por la mitad,** in half
moda, fashion
modo, way; **de un modo,** in a way; **de aquel (ese) modo,** in that way; **de todos modos,** at any rate
mojarse, to get wet
molestar, to bother, disturb
molesto, -a, annoying, bothersome
monarquía, monarchy
moneda, coin
monje, *m.*, monk
mono, monkey
monte, *m.*, woods
montepío, pension fund for widows and orphans
montón, *m.*, pile, heap
moño, topknot of hair, bun
morder (ue), to bite
moreno, -a, dark-complexioned
mostrador, *m.*, counter
mostrar (ue), to show
mozo, porter, waiter, servant
muela, back tooth
muerte, *f.*, death
muerto, -a, dead; **muerto de,** dying of
muestra, sign, indication
muro, wall
mustio, -a, sad, gloomy
muy, very; **muy señor mío,** dear sir

nácar, *m.*, mother-of-pearl
nariz, *f.*, nose, nostril; **darse de narices con,** to meet face to face with
natural, native
naturaleza, nature
náufrago, -a, shipwrecked person
necio, -a, silly, foolish
negar (ie), to deny; **negarse a** + *inf.*, to refuse to
negocio, business
negruzco, -a, blackish, dark
niebla, fog
nivel, *m.*, level
noticia, notice, piece of news
novia, fiancée, bride
novio, suitor, fiancé, groom
nube, *f.*, cloud
nublado, -a, cloudy
nudillo, knuckle
nudo, knot
nuevo, -a, new; **de nuevo,** again
nuez, *f.*, nut, walnut

obedecer, to obey
obeso, -a, very fat
obra, work
obrero, worker
obsesionar, to obsess
obstante: no obstante, nevertheless, notwithstanding
ocultar, to conceal, hide
oculto, -a, hidden
ocuparse de, to bother with
odiar, to hate
odio, hate, hatred
oficinista, *m. & f.*, office worker
oficio, trade, profession
oído, (inner) ear
ojalá (que) + *subjunctive*, if only
ojeada, glance; **echar una ojeada a,** to cast a glance at

ojén, *m.*, anisette
ola, wave
oler (hue), to smell
olor, *m.*, odor, smell; **olor a,** smell of
olla, pot
opaco, -a, opaque; sad, gloomy
opinar, to have an opinion
oponer, to oppose
oposición, *f.* (*generally plural*), competitive examinations
oprimir, to press; to oppress
oreja, (outer) ear
organillero, organ-grinder
orgullo, pride
orgulloso, -a, proud
orinal, *m.*, urinal, chamber pot
orografía, mountain geography
oscuridad, *f.*, darkness
oscuro, -a, dark; **a oscuras,** in the dark
ostentosamente, with a big show
oveja, sheep
ovillo, ball (of thread or yarn)

pabellón, *m.*, pavilion
paga, pay
paisaje, *m.*, landscape, countryside
paisano, countryman
pájaro, bird
paladar, *m.*, palate
palanca, pole
palidecer, to become pale
pálido, -a, pale
palmada, pat, slap
palmo, span; **dejar con un palmo de narices** (*coll.*), to disappoint
palo, stick
pantano, swamp; dam, reservoir
pantanoso, -a, swampy
papagayo, parrot
papel, *m.*, paper; role; **papel higiénico,** toilet paper; **desempeñar un papel,** to play a role
papo, second or double chin; lower part of neck
para, for, to, by, in order to; **para con,** towards
parar(se), to stop; **pararse en seco,** to stop short
pardo, -a, brown
parecer, to seem; **parecerse,** to resemble
parecido, -a, similar, like
pareja, couple
párpado, eyelid
párrafo, paragraph
parsimoniosamente, sparingly
parte, *f.*, part; **por otra parte,** elsewhere; **en alguna parte,** somewhere
participar, to notify, inform
particular, particular; peculiar
partir, to depart, part; to split open; to divide; **a partir de,** beginning with
pasadera, stepping stone
pasar, to pass, spend (time); to happen; to suffer
pascua, Easter; **más contento que unas pascuas,** bubbling over with joy
pasear(se), to stroll, take a walk
pasillo, corridor
paso, step; passing; **dar un paso,** to take a step; **salir al paso a,** to confront, meet; to buck, oppose; **abrirse paso,** to make one's way
pastel, *m.*, pastry, cake, pie
pata, paw, leg
patrón, -ona, sponsor, protector; patron saint
pavo, turkey; *coll.*, stupid person

pavor, *m.*, fear, terror
payaso, clown
pecho, chest, breast
pedazo, piece
pegar, to stick; to attach; to hit, strike
peinarse, to comb one's hair
peine, *m.*, comb
pelar, to peel, shell
peldaño, step (of stairs)
pelea, fight
pelear, to fight, quarrel
película, film
peligro, danger
pelo, hair; **por los pelos,** by a hair
pena, penalty, punishment; grief, trouble; **dar pena,** to be sorrowful
penado, convict
pensamiento, thought
pensar (ie), to think; **ni pensarlo,** perish the thought
pensión, *f.*, boarding house
penúltimo, -a, next to last
peor, worse, worst
percatarse de, to beware of, guard against
perder (ie), to lose; to waste (time)
periodista, *m. & f.*, journalist
permanecer, to remain, stay
pernicioso, -a, harmful, dangerous
perra (*coll.*), coin of 5 or 10 céntimos
personaje, *m.*, character (in a story)
pertenecer, to belong
pesado, -a, heavy; clumsy; dull
pésame, *m.*, condolence
pesar: a pesar de, in spite of
pescar, to fish
pescuezo, neck
pese a, in spite of
peseta, Spanish monetary unit, equivalent to 1.4¢
pestaña, eyelash
pez, *m.*, fish; *coll.*, "cold fish"
pezuña, hoof
picardía, knavery, trickiness, mischief
pie, *m.*, foot; **ponerse en pie,** to stand up; **en pie,** standing; **al pie de,** at the bottom of; **a pie,** on foot
piedra, stone
piel, *f.*, skin, fur
pierna, leg
pieza, piece
pilar, *m.*, pillar
pillar, to lay hold of
pillería (*coll.*), rascality
pinar, *m.*, pine grove
pintoresco, -a, picturesque
piropo, compliment, flirtatious remark
pisada, tread, footstep
pisar, to step (on)
piso, floor (of a house), apartment
pitillo, cigarette
plancha, plate, sheet of metal; **a la plancha,** grilled
plano, plan, map
plantado, -a, standing
plantilla, sole (of a shoe)
plaza, plaza, square; space, place; employment
plazo, term; date of payment; instalment
pleno, -a, full
plomo, lead (metal)
poblado, town, community, populated area
poblar (ue), to populate, fill
pobreza, poverty
poco, -a, little (quantity); **poco a poco,** little by little; **a poco,** shortly after; **por poco,** almost

(*used with present tense but with past meaning*)
poderoso, -a, powerful; wealthy
política, politics
polvo, dust
poner, to put, place; to put on; **ponerse,** to put on (clothes); to become; **ponerse a** + *inf.*, to begin to
por, through, by; because of; along; around; for
portal, *m.*, doorway entrance
portarse, to behave
posada, inn
poseer, to possess
postal, *f.*, postcard
postilla, scab, crust
postre, *m.*, dessert; **de postre,** for dessert
postura, posture, attitude; **postura del sol,** sunset
prado, meadow
precioso, -a, precious; *coll.*, beautiful
preciso, -a, necessary
premiar, to reward
premio, award, reward
prenda, article of clothing, garment
prensa, press
preocuparse por, to worry about
prescindir de, to leave out, disregard
presenciar, to be present at, witness
presentir (ie, i), to feel in advance
preso, prisoner
pretender, to claim; **pretender** + *inf.*, to try to
pretextar, to feign, use as a pretext
previsto, -a, foreseen
principio, beginning; **al principio,** at first
prisa: de prisa, rapidly; **tener prisa,** to be in a hurry
probar (ue), to prove
procurar, to try; to manage
profesorado, faculty, teaching staff
pronto, soon; **de pronto,** suddenly
propiedad, *f.*, property
propietario, -a, owner, proprietor
propina, tip
propio, -a, own
propuesta, proposal
propulsor, -ora, propellent, propulsive
protegido, pet
provocar, to provoke
proyectar, to project
prueba, proof; **a prueba de,** — proof: **a prueba de bombas,** bombproof
puente, *m.*, bridge
puerco, pig
pues, well, then; because, since, for
puesto, post, position, place
pulular, to swarm
puntería, aim
punto, point; run (in a stocking); **estar a punto de** + *inf.*, to be about to; **en punto,** exactly, sharp (with clock time)
puntos suspensivos, dots (. . .)
puño, fist; **con el corazón en el puño,** with one's heart in one's mouth; **puñado,** fistful; **puñetazo,** punch, bang with the fist

qué, what, how; **¿a qué?,** why?
quedar, to be left, remain; **quedarse,** to remain, stay
queja, complaint
quejarse, to complain
quemar, to burn
querer, to wish, want; to love; **querer decir,** to mean

queso, cheese; **queso de bola,** Edam cheese
quieto, -a, still, calm
quimérico, -a, chimeric, unreal, imaginary
quitar, to take away; to take off; **quitarse,** to take off, remove (clothing)
quizá(s), perhaps

rabia, rage
rabo, tail; **rabón, -ona,** short-tailed
ración, *f.*, portion
raíz, *f.*, root; **a raíz de,** right after
ralo, -a, sparse, thin
rana, frog
raro, -a, rare, odd
rascar, to scratch
rasgar, to tear, rip
rato, while, time
ratón, *m.*, mouse
raya, stripe
rayo, ray, flash of lightning
raza, race (of people)
razón, *f.*, reason
reaccionar, to react
realizar, to bring about; to carry out
rebaño, flock (of sheep)
rebeca, cardigan
recado, errand, message; **a un recado,** on an errand
recalar a, to arrive at, get to
recalcar, to stress
receloso, -a, fearful
recién, recently
recinto, area
reclamación, *f.*, complaint; demand
reclamar, to demand; to claim
recoger, to pick up, gather, collect
reconocible, recognizable
recordar (ue), to remember, recall
recorrer, to go through, run over, run through
recorrido, trip, run, route
recuento, count, inventory
recuerdo, remembrance, memory; souvenir
recurso, resource; recourse
rechazar, to reject
red, *f.*, network
redimir, to redeem
redondo, -a, round
reflejar, to reflect
refrán, *m.*, proverb
refugio, refuge, shelter
regalar, to give as a gift
regañar, to scold
regla, rule
reglamento, regulations
regocijado, -a, joyous, cheerful
regresar, to return, go back
rehecho, -a, remade, redone, done over
reinar, to reign, rule
reino, kingdom
reír(se) (i), to laugh
relación: entablar relación, to start a relationship
relevar, to relieve
relucir, to shine
remedio, recourse
remilgo, affectation, overniceness, primness
remordimiento, remorse
rencilla, dispute, feud
rendido, -a, worn out
renegar (ie), to curse, swear
renegrido, -a, black and blue
reñir (i), to quarrel
reojo: de reojo, askance, out of the corner of one's eye

repartir, to share, divide
repasar, to review, pass over again
repentino, -a, sudden
reponer, to reply
reposar, to rest
representar, to represent, show; to appear to be (age)
reprochar, to rebuke, reprimand
respirar, to breathe
respiro, breather, respite
resucitar, to revive
retardar, to delay
retener, to retain, hold, keep
retirar, to withdraw, take away; **retirarse,** to retire
retrasar, to delay, put off; **retrasarse,** to go back
retratar, to portray; **retratarse,** to have one's picture taken (*variant* of **retractarse,** to retract)
retrato, portrait, picture
retrete, *m.*, bathroom, toilet
retroceder, to back away; to go back, retreat
reunir, to get together, gather
revestir (i), to put on, adorn; to disguise
revolver (ue), to stir, shake; to turn upside down; **revolverse,** to turn round; to toss and turn
revuelto, -a, rough (sea)
reyerta, quarrel
rezar, to pray
rico, -a, rich; delicious
riesgo; risk
rincón, *m.*, corner
risa, laughter; **dar risa,** to make laugh
rito, rite, ceremony
robar, to steal, rob
roble, *m.*, oak tree
roce, *m.*, scrape
rodeado, -a, surrounded; **rodeado de,** surrounded by
rodear, to surround
rodilla, knee; **de rodillas,** on one's knees; **ponerse de rodillas,** to kneel down
roer, to gnaw, eat away
rogar (ue), to beg
rojizo, -a, reddish
romance, *m.*, ballad
romancero, collection of ballads
romper, to break; **romper a +** *inf.*, to burst out, suddenly start to
ronda, round
ronzar, to crunch
rosaleda, rose garden
rosca, coil, spiral
roto, -a, broken, torn
rubio, -a, blond; light (*tobacco*)
rubor, *m.*, flush, blush
ruedo, bullring
ruido, noise
rumor, *m.*, noise, din

sabiduría, wisdom
sabor, *m.*, taste, flavor
sabroso, -a, delicious
sacar, to take out; to get; to stick out; **sacar a bailar,** to pull out to dance; **sacar fotos,** to take pictures
sacerdote, *m.*, priest
sacudir, to shake
sainete, *m.*, one-act farce
sala, room; **sala de espera,** waiting room
salida, exit; **salida del sol,** sunrise
saliente, projecting
salpicadura, splashing, spattering
salpicar, to splash
saltar, to jump
salto, jump, leap; **dar un salto,** to give a leap

salud, *f.*, health
saludar, to greet, say hello to
salvo, -a, safe; *prep.*, except; **sentirse a salvo,** to feel safe
sangrar, to bleed
sangre, *f.*, blood
sanguinolento, -a, bloody
sarnoso, -a, mangy, itchy
sastre, *m.*, tailor
sea: o sea, that is to say
seco, -a, dry; sharp; **dejar seco a alguien,** to kill someone
sede, *f.*, headquarters, main office
seguido, -a, continued, successive, straight; **en seguida,** immediately
seguir (i), to continue; to follow
según, according to, according to what
seguro, -a, sure, safe; *m.*, insurance
sello, stamp, seal
sembrar (ie), to scatter, spread, sprinkle; to seed, sow
semejante, similar
sencillo, -a, simple
sendero, path
sentido, sense
sentimiento, feeling
sentir (ie, i), to feel, sense; to be sorry; **sentirse,** to feel (sick, etc.)
señalar, to point out, indicate
ser, to be; *m.*, being, essence
sereno, -a, calm, clear, cloudless; *m.*, night watchman
servicio, toilet
servir (i), to serve; **servir de,** to serve as; **servir para,** to be good for
siembra, sowing, seeding
siempre, always; **lo de siempre,** the usual, same as ever
sigilo, secret, reserve; **con sigilo,** secretly
siglo, century
siguiente, following
silbar, to whistle
simpatía, fondness, liking
simpático, -a, nice, pleasant
sin, without; **sin que** + *subjunctive*, without
sino, but
siquiera: ni siquiera, not even
sitio, place; siege
sobra, extra, excess; **sobras,** leftovers
sobrar, to be left; to be over and above
sobre, *m.*, envelope
sobre, over, on; about; **sobre todo,** above all, especially
sobrentender (ie), to understand; **sobrentenderse,** to be understood, be implied
sobresaltar, to frighten
sobrino, nephew
sofoco, blush, embarrassment
sol, *m.*, sun; **de sol a sol,** from sunrise to sunset
solar, *m.*, lot, ground-plot
soleado, -a, sunny
soledad, *f.*, solitude
soler (ue) + *inf.*, to be accustomed to, to generally...
solicitar, to ask for, request; to apply for
solo, -a, alone, only; **a solas,** alone, by oneself
sólo (*adv.*), only
soltar (ue), to let go, let loose, untie
soltero, -a, (*m.*), bachelor, (*f.*) spinster
sombra, shadow, shade
sonámbulo, -a, sleepwalker
sonar (ue), to sound, ring

sonreír (i), to smile
sonrisa, smile
soñar (ue), to dream; **soñar con,** to dream of
soplar, to blow
sopor, *m.*, lethargy, sleepiness
soportar, to support, hold up; to bear, suffer
sorprender, to surprise; **sorprenderse,** to be surprised
sorpresa, surprise
sosegado, -a, calm
sostener, to hold, support
sótano, cellar, basement
suave, soft, smooth
subir, to go up
súbitamente, suddenly
subsidio, subsidy, aid
suceder, to happen
suceso, event, happening
sucio, -a, dirty
sudar, to sweat
sudario, shroud
sudor, *m.*, sweat
sudoroso, -a, sweating
sueco, -a, Swedish; **hacerse el sueco,** to pretend not to hear
sueldo, salary
suelo, ground, floor
suelto, small change
sueño, dream, sleep
suerte, *f.*, luck, fate
sufrimiento, suffering
sufrir, to suffer, endure
sugerencia, suggestion
sugerir (ie, i), to suggest
sujetar, to fasten
sumamente, very, extremely
superior, higher
suplente, substitute
suplicio, torture, torment
supuesto: por supuesto, of course
surgir, to rise
suspirar, to sigh

tabique, *m.*, thin wall, partition
tabla, board; **tabla de salvación,** lifesaver; **tener tablas,** to feel at home or at ease
tacón, *m.*, heel (of shoe)
tachar, to strike out, erase
tafilete, *m.*, Moroccan leather
tal, such; **tal que,** just as, just like; **con tal de** + *inf.*, just to; **¿qué tal?,** how?; **tal y como,** just as
tampoco, neither, either
tan (*adv.*), so, as
tantear, to test, measure; to feel out, outline
tanto, -a, -os, -as, so much (many), as much (many); **tanto . . . como,** both . . . and; **un tanto,** a bit, a little; **estar al tanto,** to be aware
tapa, lid, cover
tapar, to cover
tardar, to delay; **tardar en** + *inf.*, to take long to
tarjeta, card
tartana, two-wheeled round-top carriage
tasa, standard, rate
teatral, theatrical
techo, ceiling, roof
tejado, roof
tejido, fabric, textile
tela, cloth, fabric
tema, *m.*, theme, topic
temblar (ie), to tremble, shake
temblor, *m.*, trembling, shaking
temer, to fear
temible, fearful, dreadful
temor, *m.*, fear
tender (ie), to stretch out; **tender a** + *inf.*, to tend to

tendero, storekeeper
tener, to have; **tener que** + *inf.*, to have to; **tener a bien** + *inf.*, to see fit to, be kind enough to; **tener por,** to consider; **tener lugar,** to take place; **tener miedo,** to be afraid; **tener al corriente,** to keep (someone) informed
teniente, *m.*, lieutenant
tentador, -ora, tempting
terminante, final, definitive
terminantemente, absolutely, strictly
ternura, tenderness, affection
terraplén, *m.*, embankment
terrón, *m.*, lump (of sugar)
tibio, -a, tepid, lukewarm
tientas: a tientas, gropingly
tierno, -a, tender
timbre, *m.*, doorbell
timidez, *f.*, timidity
tinta, ink; **tinta china,** India ink; **sudar tinta china,** to sweat profusely
tintero, inkwell
tío-abuelo, great-uncle
tipo, type, kind; specimen
tirar, to throw; to throw away; to pull, attract; **tirando (tirandillo),** getting along
tiritar, to shiver
tiritera (*coll.*), shiver
tiro, shot
tiroteo, shooting
tobillo, ankle
tocador, *m.*, dressing table
tocar, to touch; to ring; to play (an instrument); **tocar a,** to fall to, fall to the lot of
todo, -a, all; **del todo,** completely; **todo lo más,** at the most
tontería, foolishness, nonsense
topacio, topaz
toquilla, triangular kerchief, knitted shawl
torcer (ue), to twist
toro, bull
torre, *f.*, tower
torta, cake
tortuga, turtle
tos, *f.*, cough
toser, to cough
tozudez, *f.*, stubbornness
traer, to bring; to pull
tragar, to swallow
trago, swallow, drink; **de un trago,** with one gulp; **echarse un trago,** to have a drink
traje, *m.*, suit, dress
trámite, *m.*, step, procedure
trampa, trap, trick; **hacer trampas,** to cheat, do something dishonest
tranvía, *m.*, trolleycar, streetcar
trapero, rag dealer
trapo, rag
tras (de) (*prep.*), after, behind
trasero, -a, rear
trasladar, to transfer, move
traslado, transfer
trasluz: al trasluz, against the light
tratar, to treat; **tratar de,** to deal with; **tratarse de,** to be a question of; **tratar de** + *inf.*, to try to
través: a través de, across, through
trazar, to trace, outline
trenecito, little train
trepar, to climb
tricornio, three-cornered hat
tripa, tripe, gut, intestine
tronco, log
trono, throne
tropa, gang

tropel, *m.*, rush, hurry; **en tropel,** in a mad rush
tropezar(se) (ie), to stumble; **tropezar con,** to stumble upon, run against
trotar, to trot; *coll.*, to hustle
trote, *m.*, trot
trozo, piece, part
truco, trick
tunda (*coll.*), beating
turco, -a, Turk, Turkish
turrón, *m.*, nougat

último, -a, last; **por último,** finally
umbral, *m.*, threshold
umbrío, -a, shady
único, -a, only; unique
unir, to unite
untar, to smear, grease
uña, fingernail, toenail
usar, to use; **sin usar,** unused

vaca, cow
vacaciones, *f. pl.*, vacation; **de vacaciones,** on vacation
vacío, -a, empty
vagabundear, to loaf, wander, idle
vagabundo, -a, stray, wandering
vanagloriarse de, to boast about
vasco, -a, Basque
vaso, drinking glass
vaya un (una)..., What a...!
vecindad, *f.*, neighborhood
vecino, -a, neighboring; neighbor
vehículo, vehicle
vejez, *f.*, old age
velatorio, wake (watch over a corpse prior to burial)
veloz, rapid, swift
vena, vein
venenoso, -a, poisonous
ventaja, advantage
ventanilla, window (in a train, car, etc.); ticket window
ventura, happiness
ver, to see; **verse,** to seem
veracidad, *f.*, veracity, conformity to truth
veras: de veras, truly, really
verdad, *f.*, truth; **de verdad,** in truth, really
verdadero, -a, true, real
verdor, *m.*, greenness
vereda, path
vergüenza, shame
vertedero, dumping ground
vertiginoso, -a, dizzy, dazzling
veta, vein (of earth or wood)
vez, *f.* (*pl.* **veces**), time; **una vez,** once; **otra vez,** again; **a la vez,** at the same time; **de una vez,** once and for all; **en vez de,** instead of
vibrar, to vibrate
vidrio, glass
vigilar, to watch, keep watch over
viñeta, vignette, literary sketch
visillo, window curtain, shade
vista, view; sight
vitorear, to cheer, acclaim
viudo, -a, (*m.*) widower; (*f.*) widow
viviente, living
vivo, -a, lively
volandero, -a, fleeting, casual, flighty
volar (ue), to fly
voluntad, *f.*, will
volver (ue), to return; **volverse,** to turn around; to become; **volver a** + *inf.*, to do again
voz, *f.*, voice; **en voz baja,** softly; **dar voces,** to shout; **a voces,** shouting

vuelo, flight
vuelta, turn, return; pants cuff; **dar media vuelta,** to turn (one's body) around; **dar la vuelta,** to turn around (in order to go back); **dar (una) vuelta a,** to turn (something) around

water (watercloset), *m.*, bathroom, toilet

ya, already; **ya no,** no longer
yema, fingertip

zambra, Moorish or gypsy celebration; **ir de zambra,** to go and celebrate
zanja, ditch, trench
zapatilla, slipper
zarandeado, -a, moved to and fro
zas, bang!